le violon intérieur

I.S.B.N. 2-85868-0760

26, rue Georges-Sand, 75016 Paris

Dominique Hoppenot

le violon intérieur

Dessins de Denis Voisin

éditions
VAN DE VELDE

Pour Guillaume,
en témoignage de ma gratitude

« Un doigt pointe vers la lune,
tant pis pour ceux qui regardent le doigt. »
Proverbe bouddhique

Le mal du violon

Depuis plus de vingt ans d'enseignement du violon, j'ai accumulé jour après jour des observations qui n'ont cessé de m'interroger. Elles formeraient à elles seules une sorte de "livre blanc" du violon tant les doléances y prédominent.

Dès les premiers contacts avec les musiciens qui sollicitent mes conseils, je décèle, dans une forte proportion, les signes d'une souffrance plus ou moins pudiquement dissimulée qui s'inscrit dans ce que je pourrais nommer le "mal du violon". Pour un nombre beaucoup trop élevé d'entre eux, le violon est en effet synonyme de souffrance - le mot n'est pas trop fort. Ils développent, sans même en être conscients, une relation triste et doloriste avec un instrument dramatisé à l'extrême depuis le début de leurs études qui les enchaîne insensiblement dans une sorte d'esclavage. Leur infortune s'exprime sous des formes multiples : frustration due à leur impossibilité de s'exprimer ; impuissance à résoudre un problème technique, voire même à le poser ; méconnaissance angoissante d'eux-mêmes en situation de jeu. J'ajoute encore *les peurs :* toutes les peurs, depuis la peur de jouer, la peur de rater, jusqu'à la peur combien tenace du maître et de son jugement irrévocable. Enfin l'illusion d'être un cas d'échec unique, tous les autres musiciens se débrouillant si bien...

Je ressens encore plus directement cette souffrance - je "l'entends" dirais-je - quand le musicien prend son violon ou son alto pour me permettre de comprendre la nature de ses difficultés : la sonorité est pauvre, ne transmet ni vibrations authentiques ni expression sincère ; son corps agité fait la grimace, marque un déséquilibre visible, parfois aveuglant qui exprimerait à lui seul la plupart des faiblesses dont il se plaint. Il ne prend visiblement aucun plaisir à jouer. Sa tension excessive et ses inquiétudes l'empêchent de s'entendre et de conduire lucidement son discours musical. Lui n'est conscient que des problèmes ponctuels : vibrato trop serré, "détaché" défaillant ou crispations diverses, persuadé que tout le reste va bien. Pour ma part, je diagnostique bien souvent un malaise de beaucoup plus grande portée, source de toutes ses difficultés apparentes, qu'il les perçoive ou non : il n'est pas "bien" avec son instrument, pas "bien" avec la musique, et parfois pas "bien" non plus avec lui-même...

Qui sont ces musiciens insatisfaits ? Certains ont derrière eux des années de métier et... de déceptions. Ils souhaitent, avant que l'âge ne leur retire tout espoir de progrès, sortir de leurs habitudes, de leur passivité, repasser des concours ou s'améliorer pour être capables de faire une musique qui débouche sur un plus grand plaisir personnel. D'autres, plus jeunes, après la période de décompression et de vide qui succède si fréquemment à la récompense finale, au "prix" tant brigué, sont déconcertés de ne plus trouver en eux aucun ressort au travail dès lors qu'ils ne sont plus cravachés par une échéance. Ils quêtent alors du courage et une raison de "reprendre leur instrument". D'autres encore, aigris, déçus d'avoir raté "de si peu" leur "entrée" (au Conservatoire s'entend !), profondément infériorisés d'être restés à la porte, cherchent une issue, une voie parallèle leur permettant un accès à la vie professionnelle. Ont-ils d'autres choix, ayant pour seule formation leurs années de travail sur l'instrument ? Certains, enfin, ont conscience de plafonner, de ne plus progresser au sein des établissements où ils sont cependant brillamment "entrés" et cherchent les moyens d'en sortir au plus vite (avec un prix bien évidemment!).

Quel que soit leur profil, il est frappant de constater que nombre de ces instrumentistes, qui ont plus ou moins joui d'un prestige de jeunesse au moment de leurs concours ou de leurs examens, ont interrompu, comme de simples bacheliers, tout effort et tout progrès dès lors que le but était atteint.... et ont parfois même régressé très en deçà de leurs possibilités. Ils ne sont plus "ce qu'ils étaient" disent-ils avec regret, sans comprendre pourquoi.

N'ayant travaillé aveuglément que pour l'objectif "avoir son prix", et vivant sur le *souvenir* de ce moment béni ou sur celui de son échec, l'élève qui n'a rien construit en lui-même, rien vécu par amour, n'a plus le sens de la réalité présente : il ne sait ni qui il est, ni ce qu'il aime vraiment, ni la nature de ses désirs, ni même comment il s'y prend pour jouer. Aime-t-il seulement la musique? Que représente-t-elle pour lui ? Je le sais quand j'ai affaire à des amateurs passionnés, qu'ils soient professionnels ou non. Combien de fois, par contre, suis-je déconcertée lorsque des années de travail sans joie et sans imagination ont usé l'amour...

Quand le travail de l'instrument n'est envisagé depuis l'enfance qu'en fonction des concours ou du jugement d'autrui sans que puissent être *maintenus un bonheur de jouer et un état de bien-être* liés à la qualité du travail, l'élève cesse d'être *concerné.* Il cesse donc de se développer. Le "mal du violon" réside dans cette contradiction absurde : la musique peut-elle être autre chose pour un interprète qu'un *art d'expression ?* Or, pour exprimer il ne suffit pas de connaître une œuvre sur le bout des doigts pour l'instant fugitif d'une exécution ; il faut exister au dedans, avoir quelque chose à dire, et pouvoir le dire. Dans cette perspective, rien n'est plus important pour le musicien que de cultiver une liberté d'être soi-même, une envie de jouer, une audace créatrice liée à l'intelligence du texte, une relation vraie avec ses sentiments. Bien entendu, de telles qualités ne peuvent s'épanouir qu'appuyées sur une technique instrumentale absolument logique et fiable, affinée à l'extrême, mais en aucun cas la prouesse technique - envisagée comme finalité et non comme moyen - ne devrait pervertir ou stopper le processus de développement du futur artiste. La souffrance dont je suis témoin quotidiennement est due à un arrêt de croissance.

Si le mal-être individuel des violonistes pose un problème réel et douloureux à chacun d'eux, il a également des répercussions plus vastes qu'il serait souhaitable d'éviter aux générations à venir. Un certain nombre de questions viennent ici à l'esprit :

Est-il normal que des musiciens dits professionnels ne puissent envisager sans angoisse le plus petit "solo" ou l'exécution en vue d'un concours d'une œuvre pourtant rabâchée depuis l'âge de seize ans ?

Est-il inévitable que les orchestres soient désespérément à la recherche de bons violonistes et se tournent vers les étrangers alors que le nombre de jeunes musiciens achevant chaque année leurs études devrait suffire à assurer un recrutement de qualité ?

Est-il admissible après vingt années d'études de chercher encore dans l'inquiétude à réussir un sautillé ou un staccato et de trembler dans un son filé ?

Est-il inhérent au métier d'accumuler des heures de répétition en souffrant du dos ou de crispations paralysantes et d'être voué à la fréquentation des kinésithérapeutes ou des acupuncteurs pour atténuer des blocages professionnels chroniques?

Peut-on invoquer la seule fatalité d'un instrument aussi difficile voire aussi diabolique que le violon pour expliquer la médiocrité, les abandons... et la rentabilité plus que contestable des efforts investis dans le travail? Que se passe-t-il donc pour que le violon, lieu privilégié d'ouverture et de découvertes, devienne l'instrument d'une détérioration progressive vécue comme un échec? N'y a-t-il pas là aussi un mal du violon? Et ne peut-on rien y changer ?

Je peux répondre par ma propre histoire, semblable à celle de bien des musiciens. Elle a pour point de départ toutes les révoltes que j'ai accumulées dans ma jeunesse à la suite de questions analogues demeurées sans réponse ou assorties de réponses indignes de foi... auxquelles la chance a voulu que je n'adhère pas avec la soumission que l'on attend souvent d'un jeune élève. Ces indignations ont orienté toute ma recherche future.

Je n'acceptais pas qu'après des heures de travail je sois encore incapable de résoudre de façon durable un problème technique sans comprendre pourquoi.

Je n'acceptais pas qu'années après années les mêmes difficultés rencontrées appellent toujours les mêmes observations sans que jamais une ébauche de solution logique me soit proposée.

Je n'acceptais pas non plus lorsque je rencontrais un obstacle apparemment insurmontable que me soit opposé le mythe de la conformation, de la morphologie fatale : ma petite main et mes doigts minces qui me rendaient définitivement impossibles les dizièmes et le vibrato chaleureux.

Je n'acceptais pas davantage les conseils qui portaient sur les effets extérieurs et non sur les causes de mes difficultés. Je les sentais contradictoires, incompatibles entre eux et donc inutilisables. Ils ne contribuaient qu'à éroder ma confiance, à renforcer des doutes qu'à l'époque je ne savais pas encore formuler.

J'acceptais encore moins de souffrir, d'avoir mal au dos, à la nuque, aux bras... comme une rançon inévitable de mon travail. Ce "prix à payer" avait de suspects relents moralisateurs qui me révoltaient. Et pourtant, je souffrais...

Ma contestation demeurait tout intérieure et ne s'exprimait que rarement en paroles, compte-tenu de la distance inviolable qui séparait alors le Maître de son élève. Je la gardais en réserve.

Inefficace quant aux résultats immédiats, cette révolte contenue m'a cependant amenée à ne pas considérer définitivement mes lacunes comme irrémédiables, mon poignet "raide" ou mon vibrato nerveux comme une fatalité, et à m'interroger sur les principes de l'enseignement. Je sentais heureusement, sans trop oser me l'avouer, que j'avais des possibilités, qu'une soif de m'exprimer m'habitait. J'éprouvais parfois des minutes de plaisir qui ne me trompaient pas. Un certain optimisme fondamental me laissait croire que, dans un ciel nuageux, le moindre espace bleu est une promesse...

Lorsque ma confiance et mon discernement s'affermirent, le besoin d'y voir clair, de "comprendre" devint irrésistible. Je fis alors des rencontres décisives qui me permirent d'ouvrir les yeux et de travailler à la fois sur moi-même, sur mon équilibre corporel et sur une technique instrumentale qui s'imposa d'emblée, avant même que j'en eusse exploré tous les arcanes, comme une évidence logique, comme une voie de connaissance inépuisable.

De découvertes en découvertes en passant par toutes les "remises en question", ma vie devint une passionnante aventure qui ne s'est jamais achevée : commencée avec moi-même, elle se poursuit maintenant avec mes élèves... La révolution qui s'opéra dans ma façon de penser le violon et la musique - et de là toute ma vie en général - m'ouvrit à une source de joies inégalées : joies du corps réconcilié, joie de l'esprit qui exerce son entendement, joie de l'unité reconquise... Elle fut également une réponse si authentique à mes intuitions de jeunesse aussi bien qu'à toutes mes interrogations d'alors que j'ai éprouvé le besoin de répondre à mon tour aux violonistes curieux, dénués de préjugés, qui se posent eux aussi des questions et souhaitent ardemment que leur vie de musiciens ne se réduise pas à une somme d'efforts destinés à surmonter des difficultés sans cesse présentes, à une lutte sans fin *contre* le violon...

Mon itinéraire pédagogique est né de là. Ce livre également. Il n'est donc pas l'exposé théorique d'un ensemble de partis pris mais le fruit d'une longue histoire d'amour. Pour l'essentiel, ma façon réelle de l'écrire a été de m'ouvrir, de me rendre disponible à l'expérience personnelle de mes élèves et de laisser cette expérience prendre une place centrale dans mes préoccupations. J'écoutais, je regardais, j'étais présente. Dialoguant avec eux, je m'efforçais de traduire en clair leurs problèmes. Du plus profond de moi-même et avec toute la pénétration dont j'étais capable, j'ai cherché, étudié, scruté la nature et l'impact de ces problèmes, totalement engagée dans cette quête. J'ai réalisé peu à peu qu'il s'agissait en fait d'une recherche, d'une investigation sur une dimension de l'expérience, celle de *l'expression* : pouvoir ou ne pas pouvoir s'exprimer. Certainement je n'ai pas étudié ou élaboré une science du violon comme un problème d'ordre intellectuel, d'une manière détachée, mais bien plutôt en m'y intégrant, en le vivant au fil des jours.

Je dois beaucoup à *tous* mes élèves. Aux plus rétifs et aux plus maladroits parce qu'ils m'ont fortement interpellée. Grâce à eux je fus contrainte de chercher, de chercher encore, et par là d'évoluer. Mais surtout à tous ceux qui, plus mûrs, ont poussé suffisamment loin leur expérience - notre expérience commune - pour apporter la confirmation non seulement d'une capacité instrumentale mais également d'une dimension artistique incontestable. Leur sensibilité très affinée liée à un idéal musical élevé a favorisé un terrain d'expérimentation particulièrement fascinant. La richesse de nos échanges m'a stimulée et a fortement étayé mes analyses.

Ce livre, dont ils pourraient être les co-auteurs dans la mesure où ils ont nourri ma propre expérience, est donc une somme de conclusions vécues ensemble plus encore que de postulats vérifiés par cette expérience. On n'y trouve ni méthode, ni recettes, et les détails dans lesquels j'entre par souci de clarification, notamment dans les chapitres concernant la tenue des instruments et la dynamique du geste, ne sauraient être tenus pour des modes d'emploi...

De même que l'on ne peut concevoir un cours traitant d'un problème ponctuel sans que d'autres ne soient obligatoirement évoqués, il ne faut pas perdre de vue à la lecture d'un chapitre particulier que *tous les problèmes sont liés.* Un découpage, si cohérent soit-il, reste toujours un découpage d'une réalité une et totale : la "concentration", par exemple, ne saurait se concevoir sans la "sensation"; la "sonorité" ou la "respiration" pourraient être placées en tête des chapitres, mais sont-elles réalisables sans «équilibre corporel»? En un sens chaque problème contient tous les autres, mais justement parce que chacun les contient tous il n'en est aucun qui ne tire son sens de tout. Si le parcours proposé à travers les chapitres successifs n'est en rien le seul possible, l'idée même d'un parcours, d'un fil conducteur reste essentielle. Les lecteurs de ce livre qui ne sont pas instrumentistes à cordes pourront éventuellement se dispenser de la lecture plus austère des chapitres concernant la façon de “tenir les instruments” et “la dialectique du geste” qui sont spécifiquement violonistiques, mais ils trouveront dans les autres développements une réflexion commune à tous les musiciens.

Mon propos n’est pas de fournir une vue exhaustive des problèmes qui concernent le violon : je connais trop la réalité de l’enseignement pour imaginer que l’on puisse “apprendre le violon” dans un livre. Ce qui est vivant, toujours neuf dans un enseignement oral devient facilement dogmatique quand on le fixe par écrit et l’on risque de se satisfaire d’une compréhension intellectuelle alors que seule compte l’expérience vécue. Mais j’aimerais, en ouvrant une telle réflexion, contribuer à éclairer une situation trop souvent bloquée ou enfermée dans des schémas caducs faute d’être repensée. Peut-être alors, si beaucoup de musiciens et de pédagogues sont convaincus que l’enseignement peut évoluer, le violon cessera-t-il d’être seulement l’instrument difficile ou tyranique sur lequel on s’acharne et deviendra-t-il une authentique voie de réalisation qui permettra, à ceux qui la cherchent vraiment, d’accéder à eux-mêmes et de faire vibrer leur corde intérieure.

Une autre approche

Chaque musicien aborde le violon en fonction de sa personnalité, de son passé et de ses aspirations. Il n'existe donc pas deux approches semblables de l'instrument. Mettons à part celle, tout à faire rare, qui découle d'une "passion" spontanée, d'une sorte de génie de la musique, qui, à lui seul, est garant de tout le processus de développement qui conduit au grand talent, à l'Art en un mot... Le musicien de cette race, engagé à fond dans sa quête impérieuse, cherche, sacrifie, avance dans le noir, ne se décourage jamais, n'a de cesse d'atteindre l'inaccessible, de se rapprocher de son idéal. Celui-là trouve toujours les chemins qui le conduisent là où il veut aller. Il passe au delà de ses erreurs, échappe aux écueils, aux flatteries, mû par la boussole intérieure qui le ramène quoi qu'il arrive à son étoile... Mais nous sommes là dans l'exception qu'un professeur peut ne pas renconter une seule fois dans sa vie. Une telle approche sort des normes, s'impose d'elle-même et ne fait pas partie de mon propos.

Dans le cadre quotidien, l'approche la plus fréquemment rencontrée pourrait être qualifiée *d'approche inconsciente du violon*. Cette expression, loin de trouver son origine dans les profondeurs de l'inconscient doit être prise dans le sens banal d'une démarche superficielle qui reste irréfléchie et purement instinctive.

Nous connaissons tous de ces violonistes impulsifs qui, emportés par leur tempérament, jouent pour jouer, sans aucun recul, sans jamais se poser de questions. Leur baromètre est la "forme" : ils sont "en forme" ou "pas en forme", tout est là. Quand ils travaillent - ce qui est rare - ils jouent plus volontiers, ils répètent alors inlassablement les passages difficiles (jamais les chants, c'est trop facile!) jusqu'à ce que ça "aille mieux". A force de rabâcher, évidemment, les résultats s'améliorent un peu. L'ordre, dans les idées comme dans le jeu, ils ignorent même ce que cela signifie. Ils se débrouillent d'"instinct" comme ils disent, plus ou moins bien selon les jours... mais "c'est la forme", et on n'y peut rien. Généralement décontractés, voire même contents d'eux, ils ne souffrent de rien, sinon de n'être pas en forme tous les jours, d'où quelques cuisantes déconvenues !...

Une telle façon d'aborder le violon peut souvent faire illusion chez certains musiciens particulièrement doués munis d'un discernement naturel et d'un sens inné de l'imitation. Ils admettent généralement mal que le travail puisse être régi par des lois ou par un processus ; ils n'accordent de crédit qu'à leur génie, et pensent même que tout facteur conscient est une gêne pour la création. Ils n'ont d'ailleurs pas tort dans leur cas personnel puisque n'ayant à leur disposition aucune science de l'instrument mais seulement un habile et invérifiable "savoir-faire", la moindre prise de conscience les trouble et les démonte. C'est dans l'inconscience qu'ils se débrouillent le mieux, se fiant à la grâce de Dieu.

Cependant, si, pour des raisons mystérieuses, certains de ces musiciens peuvent parfois comprendre intuitivement une œuvre et la jouer de façon assez convaincante, il arrive bien souvent que, pour des causes aussi obscures, l'inspiration ne soit pas au rendez-vous. La fameuse "forme" manque : ils sont alors livrés à eux-mêmes sans technique efficace, sans savoir ce qu'ils font, donc sans aucun moyen de faire ressurgir les sentiments qui les guidaient les jours de grâce. Que ne donneraient-ils alors pour se concilier les Dieux!

Il y a également *l'approche consciencieuse* du violon. Elle est souvent le fait de violonistes exigeants, plus cérébraux et clairvoyants que les précédents, mais moins confiants et donc incapables d'y aller "au culot". C'est là encore une approche assez inconsciente, mais corrigée par une recherche de soin, de précision, un souci de fidélité au texte, un essai d'objectivité dans le travail, qui sont bien souvent des moyens de se rassurer. Habitués des concerts (de violon, bien entendu), ils s'y rendent pour observer leurs idoles, ne tarissant pas de commentaires sur le bras de Szeryng, le pouce de Milstein ou le vibrato de Stern, croyant trouver dans tels ou tels détails particuliers les "secrets"qui leur manquent.

Bien qu'ils soient à l'affût d'une recette ou d'un remède miraculeux, leur travail n'est jamais bâclé, toujours appliqué et méthodique, mais souvent source de tension et de nervosité. Une grande bonne volonté incite ces bons élèves à travailler consciencieusement tel exercice pour telle difficulté particulière, telle œuvre qui leur "fera du bien". Et ils s'étonnent tristement quand le résultat ne les récompense pas : « Pourtant j'avais bien travaillé... »

Eprouvent-ils des crampes, des contractions douloureuses ? Ils se précipitent aussitôt chez des acupuncteurs et masseurs en tous genres : un moment soulagés, ils y reviendront tôt ou tard pour faire disparaître une nouvelle douleur.

Ils sont aussi de grands clients des luthiers pour le bricolage de leurs instruments, qu'ils tiennent pour les principaux responsables de leurs ennuis. Ils consacrent beaucoup d'énergie à toutes sortes de petits "réglages", à des changements périodiques de chevalet, de cordes, de mentonnière ou de coussin, faisant perdre beaucoup de temps à ces luthiers transformés en guérisseurs. Les petits problèmes de santé de leurs instruments, qui ont parfois leur réalité, ne sont bien souvent que des alibis masquant la véritable situation. Cette quête fébrile de moyens extérieurs est dérisoire au regard du travail intérieur qui seul pourrait établir les bases d'un équilibre et d'une confiance inaltérables.

Entre ces deux démarches apparemment contradictoires, il y a pourtant une forte analogie : les grands perdants de ces deux attitudes sont le violon et la musique, ainsi que les violonistes eux-mêmes. Bien que plutôt satisfait de sa situation, le violoniste dont l'approche est purement instinctive est voué à rester toute sa vie sans plus faire de progrès. Son jeu, qui est un savoir-faire artisanal plus ou moins habile, plafonne fatalement faute d'une approche constructive. De plus, la part trop importante laissée au hasard lui apporte tôt ou tard des déceptions : une vie musicale fondée sur des succès accidentels est trop instable pour ne pas devenir, à un moment donné, insatisfaisante. Quant au violoniste plus scrupuleux, il n'a pas besoin d'un accident malheureux pour prendre conscience de son insuffisance : le malaise existe constamment en lui.

Pris dans leurs habitudes, sans pouvoir s'en défaire, l'un comme l'autre ont donc, à la suite d'un événement fâcheux pour le premier et de façon quotidienne pour le second, un sentiment d'insatisfaction doublé d'une intuition vague : « peut-être puis-je encore progresser, peut-être y a-t-il quelque chose à chercher ». Cette disposition fragile qui incite l'œil à regarder, l'esprit à scruter de manière inhabituelle, est encore loin d'emporter la conviction et d'entraîner une décision d'agir. Bien des violonistes font, à certain moment, une telle découverte, à peine avouée, mais qui révèle en fait un besoin créateur mûrissant lentement dans l'espoir secret de pouvoir un jour émerger.

Encore faut-il, lorsqu'un début de prise de conscience se manifeste ainsi, ne pas accepter passivement une situation devenue caduque : « je n'y peux rien, c'est mon caractère ». Combien de fois ce fatalisme est-il avancé pour éviter toute remise en cause : « après tout, je ne joue pas si mal... il y a bien des cas pires que le mien ». Vouloir changer c'est déjà presque changer : il ne faut donc plus rejeter ce pressentiment obscur mais le transformer en une ferme détermination qui puisse faire échec aux doutes, aux découragements, aux influences extérieures qui ne manquent pas de surgir. Il ne s'agit pas de remettre à l'honneur la volonté au sens d'une coercition personnelle, d'une discipline ascétique frustrante, mais d'insister sur le fait qu'une remise en cause profonde est chose difficile qui exige une résolution passionnée.

L'interprète qui, ayant réalisé combien son approche musicale et instrumentale était sommaire ou partielle, désire changer son jeu, doit également se changer lui-même, *accorder son esprit à son projet*. En effet, je ne considère pas que le violon soit un savoir-faire de bateleur, susceptible d'éventuelles petites améliorations techniques. On pourra, bien entendu, juger l'approche que j'en propose comme une série de recettes permettant d'accroître la maîtrise de l'instrument. Mais voilà, le violon est plus qu'un instrument : il met en cause le musicien dans toutes ses virtualités, explore tous les aspects de sa personnalité. Le violoniste doit combiner tout à la fois l'équilibre corporel du danseur, la vigilance et la compétence de l'artisan, la précision de geste du peintre, la rigueur de l'architecte, la mémoire et la "présence" du comédien, et la vision intérieure du poète.

C'est pourquoi *l'approche consciente* du violon - celle

qui nous retiendra désormais - engage beaucoup plus que ne peut le faire un simple arsenal technique. *Elle met en jeu l'homme dans sa totalité.* Elle pose par principe que nous avons en nous-mêmes toutes les virtualités nous permettant d'être les meilleurs serviteurs de notre art et qu'il nous est possible de les mettre à jour en trouvant les voies d'accès à notre être profond. Elle propose le développement progressif d'un état intérieur créateur grâce à la possibilité que nous avons de connaître notre propre réalité physique et psychique.

Cette démarche est donc essentiellement une voie d'éveil et de connaissance de soi, une recherche du mouvement qui va de l'intérieur à l'extérieur, du centre à la périphérie et qui rassemble toutes nos énergies désordonnées ou dispersées dans un courant unique de force. Il n'est plus question de chercher hors de soi une technique extérieure faite de systèmes, de recettes et de moyens arbitraires, mais de révéler nos potentialités endormies et ignorées afin de trouver l'expression qui nous est propre.

L'approche consciente est un travail qui requiert une disponibilité et la mise en œuvre d'énergies à laquelle nous sommes rarement préparés et dont dépend la qualité des résultats aussi bien que le temps mis pour y parvenir. Il n'est donc pas superflu d'infléchir nos dispositions intérieures par une réflexion préalable, afin d'accorder notre esprit à cette nouvelle démarche.

La première nécessité qui s'impose à un violoniste désireux de changer son approche est de vaincre la peur, *peur du changement* ou peur de la remise en question, qui pourrait être désagréable. Il est dur de renoncer à un mode de penser et d'agir souvent nourri par des années d'habitudes et, consciemment ou non, celui qui en a pourtant pris la décision se raccroche à sa construction antérieure, résistant à ce qu'il prend pour un démantèlement. Chacun accepte volontiers un petit changement de "technique" ou quelque “truc” nouveau, mais au-delà, la peur le saisit. Or, c’est justement dans cet “au-delà”, dans cette reconsidération honnête des différents comportements de l’esprit et du corps que se forgera la volonté de travail la plus décisive.

Pour franchir le cap des atermoiements, il ne faut pas se contenter d’un sentiment obscur et confus de ses difficultés, mais se planter devant, les affronter sans les fuir, sans les craindre. Celui qui intellectualise , réfute, argue constamment, celui-là ne peut voir ou entendre les choses comme elles sont. Quand on regarde les obstacles bien en face, la peur disparaît pour faire place à l’urgence de vaincre. Se cacher la réalité, plus ou moins consciemment, empire le mal qui travaille sournoisement. Rien ne disparaît parce qu’on veut l’ignorer. Prendre conscience de l’erreur est le meilleur tremplin pour vous accrocher durablement à une recherche du vrai.

Davantage encore, la connaissance d’une vérité *suppose* en quelque sorte l’erreur préalable, et l’être vraiment sensible *utilise cette erreur au lieu d’y sombrer.* Aucun manque, aucune barrière en apparence infranchissable n’a jamais pour lui valeur de limite définitive ; il est toujours en devenir.

Mais ce regard sur nous-mêmes et sur nos erreurs doit surtout s’exercer dans le moment présent, et non par rapport à des idées ou des savoirs accumulés, provenant de temps révolus. Un esprit surchargé de passé est toujours en peine, et seule l’observation lucide, franche et honnête de l’instant présent permet de se mettre en *disposition d’apprendre.* En éliminant les idées toutes faites et les appréhensions, bagages encombrants qui appartiennent au passé et détruisent la vivacité de l’esprit, on peut vivre pleinement qu’aujourd’hui est un jour nouveau, le seul et l’unique qui compte. L’esprit doit, lui aussi, être désencombré du réseau d'opinions et de jugements qui le maintiennent dans un état statique, prématurément vieilli. On peut changer de mentalité, on peut être soudain *disponible* quand hier ne pèse plus, quand, redevenant enfant, on oublie ce que l'on sait ou croit savoir. Ce n'est qu'après avoir fait le vide, éliminé ses impressions antérieures, vaincu ses résistances, après s'être dépouillé de ses vieux vêtements que l'on peut s'engager totalement dans le travail qui permet d'assimiler et d'intégrer de nouvelles connaissances.

Une seule force peut provoquer cette métamorphose : l'amour. C'est lui qui donne l'élan, la foi, l'intérêt, la persévérance, sans lesquels toute initiative, tout effort se dissout en velléité décevante. Si nous ne sommes pas amoureux de la musique, amoureux du beau et du vrai, attirés par les parfums du "sublime", curieux de toutes les manifestations de la vie, pourquoi nous engager dans une voie de "remises en question" que seul l'amour justifie ? Celui qui ne s'aime pas lui-même, qui ne pressent pas les splendeurs de la nature qui dort en lui dans l'attente d'être réveillée, pourquoi se lancerait-il dans un travail sur soi-même qui ne lui apportera de ce fait que des désillusions ? La motivation la plus constructive dans la conquête de l'instrument est une motivation de *plaisir*, fruit de nos dispositions vitales et affectives. La foi et la joie dans le travail sont donc des vertus qui prévalent sur toutes les autres. Aucun violoniste ne doit avoir l'impression de se donner de la peine en travaillant ni de travailler par devoir, mais plutôt de se préparer un plaisir, de cultiver sa joie à travers les avatars de son développement et les exigences de la musique. On ne peut éduquer son corps et rendre ses membres agiles au point de se fier complètement à leur intelligence si aucun plaisir ne résulte de cette activité.

Pour répéter inlassablement tel geste et telle formule rythmique, pour s'attaquer durant des heures à des problèmes de sonorité ou de style, il faut qu'une véritable *passion* nourrisse la patience, il faut qu'une charge affective sans cesse renouvelée incite à toujours plus de finesse et de subtilité.

Mais l'amour n'est pas tout, et qui a essayé de maîtriser un art, n'importe lequel, sait aussi combien *la patience* est indispensable au moindre progrès. La patience naît de l'intérêt porté à ce que l'on fait, mais elle ne se développe réellement qu'à partir du moment où l'on ressent une satisfaction intérieure qui incite à créer d'autres impressions constructives. Dès lors, elle se transforme en volonté agissante et devient inséparable de notre comportement.

Les musiciens particulièrement doués ont plus que d'autres de grandes difficultés à rester patients. Ils veulent un résultat rapide et immédiat qu'ils se croient en droit d'atteindre en raison même de leurs facilités. Pourtant, quels que soient les dons, chaque acquisition demande un certain temps d'intégration. Il faut compter avec le temps et comprendre humblement, comme dit le proverbe chinois, que « tirer le blé pour le faire pousser plus vite n'a pour résultat que de briser la tige ». Si l'on vise une réalisation rapide, si l'on se "crispe" sur le but à atteindre, jamais on ne développe la puissance intérieure sans laquelle aucun art véritable ne peut être atteint.

Il est essentiel dans le travail de ne pas chercher le résultat de l'activité, mais d'orienter l'ardeur et le désir de perfection sur l'activité elle-même. Les philosophies orientales, l'Evangile même, sont remplis de conseils de sagesse qui vont dans ce sens : « Ne recherche pas le fruit de ton travail et il te sera donné » ; « tu dois sacrifier les effets de ton activité ».

L'ambition, la recherche du succès ou des approbations, même s'ils apparaissent à première vue comme des stimulants à nos efforts, agissent en réalité comme des interférences angoissantes qui nous coupent du contact vrai avec nous-mêmes et freinent notre croissance. Nous ne sommes en compétition ni avec les autres ni avec nous-mêmes, car chacun vit son rythme propre. Les aptitudes réelles naissent à partir d'une relation vivante et authentique avec *l'objet du travail.* La capacité ne nous échoit que par surcroît ; nous ne devons pas y tendre. Chaque effort, même sanctionné par un résultat satisfaisant, n'est que la préparation d'un autre effort qui permet d'aller plus loin. Chaque pas est en lui-même un but qui conduit au pas suivant. Si nous montons un escalier long et ardu en regardant sans cesse combien de marches nous restent à gravir, nous sommes vite découragés et fatigués. Si, au contraire, nous gravissons chaque marche avec la joie de nous être élevés d'un pas, lorsque nous nous retournons en arrière, nous sommes frappés d'être déjà si éloignés de notre point de départ. Chaque pas nous a "avancés" sur le chemin et cette constatation nous donne la force et le courage de continuer. De même, dans notre travail, si notre attention, au lieu de se crisper sur le but final, se tourne sur notre manière d'agir dans l'instant, nous goûtons pleinement la saveur du moment présent et demeurons patients. Il n'est certes pas question de perdre de vue le but ultime qui donne aux efforts de chaque instant une direction. Mais il faut en rester *libre* sur le plan affectif. Alors, un jour le but sera atteint naturellement, comme au terme de sa maturation le fruit tombe de lui-même. Nous le recevons comme un don presque inattendu, signe de l'alliance de nos efforts conscients et des forces obscures de notre inconscient.

La patience doit être enracinée en nous au point de nous investir d'une parfaite égalité d'humeur qui puisse résister à toutes nos déceptions. En effet, plus nous travaillons, plus nous devenons sensibles à des fautes et à des déficiences que nous n'aurions pas même remarquées dans notre état d'inconscience préalable.

Lorsqu'après un temps consacré au travail nous mesurons l'étendue de nos lacunes, en particulier lorsque nous prenons conscience de celle que nous ne soupçonnions pas auparavant, nous éprouvons une douleur insupportable si notre ambition était d'atteindre un résultat immédiat. Nous risquons même de perdre courage et d'arrêter tout progrès. Pour supporter un tel moment et le dépasser, il faut garder l'esprit léger grâce à une humeur égale en face des obstacles et à un désir pur, non dévié, qui vise à pouvoir faire ce que nous voulons sans autre souci que celui de la fidélité à l'instant.

La pratique du "tir à l'arc" dans le Bouddhisme Zen (1) n'a pas pour but d'entraîner le disciple à obtenir une puissance sans la mettre en pratique mais, bien plus, de l'engager à acquérir une puissance toujours supérieure à la réalisation du moment. Une telle école de conquête de soi-même résulte d'un idéal généralement fort éloigné de notre mentalité occidentale. Elle mérite cependant d'inspirer profondément notre attitude intérieure face à la grande aventure que nous propose le violon.

---

1. E. Herrigel - Le Zen dans l'art chevaleresque du Tir à l'arc (Ed. P. Derain, Lyon).

Accorder son corps

Nous assistons depuis quelques années à une véritable réhabilitation du corps humain. La thématique corporelle inspire toutes les sciences humaines, tous les sports, ainsi qu'un grand nombre d'activités artistiques telles que le mime, la danse et le théâtre. Le développement fulgurant de l'expression corporelle, de la relaxation, du yoga, des arts martiaux etc... témoigne de ce besoin de l'homme de se réconcilier avec son corps si longtemps refoulé, réprimé, ignoré... Et pourtant, le grand absent dans l'enseignement des instruments à cordes, c'est le corps. On apprend à jouer du violon, de l'alto, à faire de la musique, mais on oublie que la musique s'exprime avant tout par le corps, se dénature aussi à cause de lui, lorsqu'il n'est pas en harmonie avec lui-même. Seuls les "doigts" sont concernés dans le travail quotidien, comme si leur agilité et leur précision étaient les uniques responsables de la qualité du jeu. Certes, l'action musicale se traduit ponctuellement par l'action des doigts, mais que sont-ils eux-mêmes sinon l'achèvement, la terminaison tactile d'une totalité physique qui est le corps lui-même ? Et cependant, un pourcentage considérable de violonistes jouent et se débattent avec des difficultés qui leur semblent insurmontables, attentifs à leur seul mécanisme digital, dépourvus de toute conscience de leur corps, comme s'ils en ignoraient et la présence et les ressources, étrangers à eux-mêmes, donc mal-existants. Si seulement ils en prenaient autant de soin qu'ils en prodiguent à leurs instruments entre soie et velours ! Mais loin même de le respecter, ils le malmènent par méconnaissance de ses lois, le soumettent à des contorsions qui installent un mal-être et un sentiment d'impuissance qu'ils traînent parfois toute leur vie.

Un danseur, un funambule, un skieur, un cavalier ne songerait jamais à entreprendre le moindre entraînement sérieux sans établir avant tout un équilibre corporel à partir duquel ses compétences peuvent s'épanouir. Pour chacun d'entre eux, la moindre rupture d'équilibre est lourde de conséquences, et comporte parfois même des risques très graves. Le violoniste ne risque que des déboires sonores, déboires mineurs, et non sa peau. Dommage ! L'instinct de conservation ne joue pour lui aucun rôle pédagogique efficace. Ses déconvenues instrumentales sont des sources d'énervement et d'irritation, des occasions de culpabilité infériorisante, mais rarement l'indice d'une inadéquation corporelle à laquelle il lui serait possible de remédier.

Pourtant, ce n'est que dans la recherche systématique de son équilibre que le violoniste peut trouver la solution de ses problèmes instrumentaux. C'est un vestige d'obscurantisme que de passer une vie de labeur et de recherches en ignorant que toutes les difficultés posées par la sonorité, les démanchés, le vibrato, le sautillé, le staccato, etc.. sont pratiquement résolus quand l'équilibre parfait du corps est réalisé. Comment un violoniste peut-il jouer et travailler en restant étranger à son corps, à ce corps par lequel il communique avec le monde, à travers lequel ses perceptions s'affinent, s'aiguisent et se colorent, à ce corps qui est l'instrument par excellence de son art ? Comment peut-il être infirme à ce point... sans le savoir ?

Une richesse intérieure ne peut s'exprimer en musique que par une vie corporelle libre, sans contraintes, qui n'entrave aucun geste et donne une pleine liberté d'action. Il est donc d'une nécessité absolue pour le violoniste de mettre son corps en accord avec lui-même et de trouver l'équilibre statique et dynamique qui conditionnera toutes les autres recherches instrumentales.

Il n'est pas toujours facile de reconnaître son corps comme un merveilleux instrument, et bien des préalables sont parfois utiles pour se le concilier et s'engager avec lui dans une découverte positive qui n'en fasse plus l'esclave malmené d'un intellect tout puissant. Pour beaucoup de musiciens il est un lieu de conflits, l'obstacle, l'ennemi à vaincre. Dans ce cas, il faut souvent avoir le courage de surmonter un certain inconfort avant de pouvoir, sans angoisse, se mettre à son écoute et le considérer comme le traducteur parfait de nos intentions. Même "reconnu", sa réconciliation avec l'esprit est parfois longue et difficile. Mais la persévérance n'est jamais déçue puisqu'elle débouche sur cette unité où corps et esprit dialoguent d'égal à égal et recréent ensemble la musique qui est le but ultime de notre travail. Réhabilité, le corps peut s'ouvrir aux demandes de la sensibilité de l'instrumentiste ; réseau de relais concerné par le discours, il devient vibrant aux appels de son intelligence et de ses émotions...

L'importance du corps dans le jeu instrumental ne peut être réellement perçue que si l'on reconnaît l'existence d'un malaise, d'une difficulté plus ou moins diffuse, impossible à résoudre par le seul travail digital. C'est habituellement la lassitude de tomber sans cesse dans les mêmes ornières qui invite à faire un premier pas dans la voie d'une mise en cause de notre équilibre corporel.

Seul un "éveilleur" peut nous aider à prendre réellement conscience de nos difficultés, de *leurs causes* et des illusions que nous entretenions sans le savoir. Sa première tâche, en commençant un travail sur la forme et la position du corps, est de nous faire ouvrir les yeux sur notre déséquilibre, sur nos erreurs de perception. Pour y parvenir, il lui suffit parfois de retirer à l'élève son violon et son archet pendant qu'il joue, en le priant de demeurer exactement dans la même posture : celui-ci réalise alors, en voyant son image dans une glace, combien caricaturale est sa position que la présence du violon lui masquait. Il peut ensuite analyser et circonscrire les difficultés, déceler les *compensations* subtiles que chacun met en œuvre afin de se débrouiller, et de jouer malgré tout.

Un tel travail se conduit difficilement seul. Les violonistes qui tentent par leurs propres moyens de mettre à jour leurs difficultés particulières (toujours différentes pour chacun, parce que liées aux circonstances de son passé), sont habituellement déçus par leur auto-analyse. Il est presque impossible d'être objectivement son propre juge et son propre pédagogue avant d'avoir déjà travaillé sur soi-même et développé une certaine connaissance de soi. Bien souvent, ces tentatives menées sans aide extérieure ne font qu'aggraver un déséquilibre latent, faute de remèdes adéquats. Le professeur, jouant le rôle de miroir, peut opposer la réalité qu'il perçoit de l'extérieur à l'idée que l'élève se fait de lui-même et de son propre corps ; il peut aussi parfois, dans la mesure où le corps est l'expression de la psyché, aider l'élève à surmonter certains problèmes psychologiques ou affectifs qui se révèlent à cette occasion, voire lui suggérer des possibilités de thérapies appropriées.

C'est seulement après un bilan de cette sorte que les efforts faits pour accorder son corps à un fonctionnement juste pourront être fructueux, s'appliquant dorénavant à une situation réelle et non à des perceptions illusoires.

On est en droit de se demander pourquoi les problèmes d'équilibre corporel semblent davantage toucher les violonistes que d'autres musiciens, et pourquoi ils se répercutent aussi gravement sur leur jeu. Il ne faut pas oublier que contrairement à d'autres instruments - le piano ou le violoncelle en particulier - le violon n'a aucun point d'appui avec le sol. Outre sa complexité intrinsèque et la fine acuité de perception qu'il réclame, c'est là une des raisons majeures pour lesquelles il est considéré comme un instrument spécialement difficile. Nous devons le maintenir en équilibre, étroitement lié à notre personne, sur une surface portante minime, sans qu'il en résulte aucune gêne dans l'exécution musicale qui met en jeu d'innombrables et subtiles opérations de précision. La même main qui, soi-disant, "tient" le violon, doit aussi vibrer, se déplacer le long du manche et former des accords et des intervalles compliqués. De plus, le violon et l'archet ont avec le corps un contact d'une telle intimité que toute tension, toute crispation corporelle se ressent immédiatement dans le jeu. Nous imputons souvent à l'instrument la responsabilité d'une instabilité qui n'est autre que notre propre instabilité.

Quand nous disons : mon violon ne "tient" pas, c'est en réalité *nous* qui ne tenons pas, qui manquons d'assise fondamentale. Quand nous butons sur tel problème technique, nous nous méprenons généralement sur la cause réelle de la difficulté. Nous en viendrions très facilement à bout si le geste incriminé devait s'exécuter extérieurement à nous, par exemple sur une table. C'est parce que notre contact avec l'instrument est si étroit, parce que nous devons assurer en même temps le terrain propice à l'action et l'action elle-même, que la qualité de notre jeu est si souvent compromise.

La stabilité du violon, la sécurité qui nous permet de nous livrer sans flancher aux plus audacieuses acrobaties, toutes les qualités essentielles du jeu (dont je parlerai plus loin en détail) ont pour fondement essentiel notre équilibre corporel. Ce terme d'*équilibre* me paraît préférable à celui de *tenue*, lequel est bien souvent galvaudé et mal compris. On juge d'une "bonne" ou d'une "mauvaise" tenue sur des critères extérieurs plus ou moins esthétiques, en tous cas subjectifs. L'équilibre, lui, est "l'état de repos d'un corps, soumis à des forces égales et contraires", comme le précise Littré. Cet état, d'où sont absentes l'agitation, la tension et la nervosité, est rarement le résultat d'un hasard, mais le fruit d'une profonde connaissance des lois qui régissent le corps. La véritable tenue est une infrastructure qui ne transparaît en surface que pour des observateurs avertis qui savent en interpréter les signes. Disons en passant que ceci explique pourquoi le fait d'observer les plus grands maîtres ne conduit guère à mieux jouer du violon. On peut toujours noter : «il a le coude relevé, le poignet droit, la tête inclinée», et essayer d'en faire autant ; cette observation reste superficielle. Ce qui compte, c'est l'équilibre global du corps, c'est la sensation générale vécue à l'intérieur, et non pas un geste ou un détail isolés, observés de l'extérieur.

Parce que le corps est un tout, chaque difficulté doit être mise en relation avec ce corps dans sa totalité. Les interférences, les blocages instrumentaux ne sont que les manifestations d'un mauvais emploi du corps, inadapté aux nécessités de l'action instrumentale.

A partir du moment où le corps est engagé à part entière dans un jeu, un métier, un sport, un art, il doit nécessairement s'accorder à l'organisation spécifique de ce sport, de cet art. Il y a une organisation optimale du skieur, du cavalier ou du danseur, comme il y a celle du violoniste, conforme à la physiologie de l'instrument.

L'équilibre idéal du violoniste, qui met en accord l'instrument et le corps, n'a bien entendu aucun caractère normatif ; il doit être adapté à chacun. Cependant, il s'affirme comme une réalité à laquelle on ne peut échapper, puisqu'il découle logiquement du fonctionnement de l'instrument. Cette organisation optimale vers laquelle le violoniste doit tendre est loin d'être le seul élément important de la pédagogie instrumentale. Elle en est néanmoins le point de départ, la base qui permet une construction durable et cohérente des fondements de notre art.

C'est gagner du temps et favoriser une meilleure compréhension que de trouver d'abord cet équilibre idéal en dehors du violon. Pratiquement, cela signifie qu'il convient de mettre momentanément une distance entre soi et l'instrument, mieux : entre soi et soi-même. Pour prendre du recul par rapport au violon et à l'archet comme par rapport à nos jambes, nos bras ou nos gestes, pour les considérer comme nouveautés jusqu'alors inconnues, il est en effet préférable de rechercher cet équilibre corporel sans l'instrument. Au moment où le violoniste saisit violon et archet, l'organisation de son corps doit déjà être établie et ne plus lui poser de problèmes : le corps "placé", mis en condition, accordé à sa fonction est alors prêt à entrer en action, aussi spontanément que celui d'un danseur ou d'un sportif avant une performance. Grâce à son architecture interne, le corps, cessant d'être un obstacle, jouera alors comme chez les chanteurs le rôle d'une véritable caisse de résonance, d'un fidèle amplificateur de nos émotions musicales.

Aussi il importe que cette préparation soit assurée, surtout au début, par une succession de prises de conscience très localisées, approfondies et souvent renouvelées. L'équilibre pourra alors devenir parfaitement naturel, spontané, et s'installer durablement, sans réclamer d'efforts au cours de l'exécution.

Que nous jouions debout ou assis, notre équilibre se crée dans les deux cas à partir de la verticale du corps. Notre premier objectif sera d'établir un axe solide allant de la tête aux pieds. Un précepte japonais donne à mon propos sa véritable dimension : « Lorsque la verticale du corps est solidement fixée, l'esprit l'est également. C'est là que prennent leur essor le calme exempt de passion et la force intrépide ». La fixation de la verticale n'est pas le résultat d'une immobilisation mais d'une activité orientée sur des points très précis.

L'équilibre se crée en premier lieu à partir des pieds. Ils prennent une part essentielle dans le juste accord de notre corps. On oublie parfois que ce sont les pieds qui portent le corps et lui donnent son élan et non le corps qui repose sur les pieds. Ceux-ci doivent prendre contact avec le plancher sur toute leur surface, de l'extrémité du talon à celle de l'avant-pied, en particulier grâce aux muscles des métatarses qui, par synergie, sont en relation avec tous les muscles du corps. Le pied ne doit donc pas être avachi, mais mobile et vivant, témoin de notre appartenance au sol. Il y a une réelle activité du pied qui mobilise l'ensemble du corps et lui donne le tonus et l'élasticité désirables. C'est pourquoi, disons-le en passant, le port de très hauts talons empêche de trouver un réel équilibre puisque les pieds, coupés de tout contact avec le sol, reposent uniquement sur l'avant-pied, ce qui a pour conséquence de projeter tout le corps vers l'avant. Dans le jeu, les pieds, disposés en équerre - le corps ayant légèrement pivoté vers le pied gauche pour stabiliser l'équilibre du côté du violon - seront éloignés l'un de l'autre de manière à former une base de sustentation en rapport avec la taille du violoniste. L'écart entre les deux pieds est donc proportionnel à la hauteur et au volume du corps. On évalue parfaitement la distance entre les pieds à la façon dont on peut se balancer spontanément de l'un sur l'autre, sauter, et surtout marcher tout en conservant la stabilité générale du corps. Pour éviter tout malentendu, précisons bien toutefois qu'au cours du jeu, il est indispensable d'éviter les balancements et les mouvements inutiles qui détruisent l'équilibre et gaspillent l'énergie. Seul le mouvement né d'une impulsion intérieure est salutaire.

Nos jambes, elles, jouent le rôle de courroies de transmission qui relient les pieds au tronc. Elles doivent être souples, élastiques, les genoux légèrement convexes et tournés vers l'extérieur, ce qui permet une plus large ouverture du thorax et des épaules, favorisant ainsi le bon maintien de l'ensemble du corps. La moindre raideur des jambes a des répercussions dans tout le haut du corps qu'elle a tendance à isoler du bas. En effet, chez de nombreux violonistes, le corps tend à se couper en deux en raison de la rigidité des jambes ou d'un mauvais placement de la respiration. La coupure entre "haut" et "bas" disparaît lorsque le corps est unifié par la bascule du bassin. Celle-ci consiste en un décambrement obtenu par un léger serrage des fessiers et de la musculature pelvienne qui assure la correspondance du haut et du bas du corps dans une verticalité parfaite. Ainsi, le buste porté par le bas du corps, toujours ferme et tonique, devient libre dans ses actions, et l'unité de l'ensemble est assurée de la tête aux pieds dans toutes les circonstances du jeu.

Les vertèbres lombaires, qui jouent le rôle de charnière, sont, de par nos mauvaises habitudes corporelles, le plus souvent tassées, privées de mobilité, voire soudées dans le pire des cas, et à l'origine de la plupart de nos maux de dos. Les femmes, plus naturellement cambrées que les hommes, doivent d'ailleurs y porter une attention toute particulière. Il est donc de la première importance, lorsque la bascule du bassin se révèle difficile à réaliser, de les dérouler, de les allonger, de sentir leur alignement sur l'axe imaginé de la colonne vertébrale pour éviter la coupure du corps en deux. Tous les moyens peuvent être bons : exercices au sol, exercices le long d'un mur, contractions des fessiers et du bas-ventre, exercices de mobilité autour du centre de gravité pour ressentir le meilleur alignement possible de ces vertèbres, habituellement plus absentes de notre représentation que celles du haut du corps.

Aucune "centration" - et donc aucune "concentration" - n'est possible si le haut du corps reste coupé du bas : le circuit d'énergie est bloqué, le souffle est court, et le son, même s'il a certaines qualités de pureté, restera toujours extérieur et indifférent. La bascule du bassin demande à être examinée d'autant plus attentivement qu'elle est encore le lieu de bien des inhibitions. Il est plus difficile de parler aux élèves de leurs fesses que de leurs bras, ce qui est une raison de plus pour que des sensations nouvelles réveillent cette partie du corps, demeurée à l'écart du champ de la conscience : pour s'exprimer authentiquement, le corps entier doit être intégré dans l'image de soi.

Le buste, qui vient s'articuler sur le bassin, est tout entier structuré par la face postérieure du corps - nuque, dos et reins - c'est-à-dire par la colonne vertébrale. Elle est le point de départ de la formation du squelette, l'axe fondamental de la charpente osseuse et le siège de tout le réseau nerveux. Pour "tenir debout", au sens fort du terme, il faut lui assurer le maximum de verticalité. Représentons-nous un fil à plomb qui nous relierait de la tête au coccyx, constituant un axe imaginaire sur lequel nos vertèbres doivent s'aligner. Nous avons là un schéma de la verticalité parfaite vers laquelle nous devons tendre par un travail patient. Une démarche corporelle appropriée doit permettre de résoudre trois problèmes : la jonction des omoplates au niveau de la ceinture scapulaire, qui intéresse les vertèbres dorsales, la bascule du bassin - dont j'ai déjà parlé - qui concerne les vertèbres lombaires et sacrées, et enfin l'élongation de la nuque liée à l'effacement et à l'abaissement des épaules ce qui touche les vertèbres cervicales ainsi que l'ensemble de la colonne vertébrale.

La région des premières vertèbres cervicales, à l'origine de bien des maux de tête, est une charnière clef de notre système nerveux. Fréquemment bloquée par une excessive concavité, elle doit également s'aligner à l'aplomb de notre fil imaginaire. En effet, seul l'équilibre du cou sur la verticale du dos permet une complète détente des trapèzes tout en assurant un ferme support à la tête. On obtient cet équilibre par une élongation de l'arrière du cou (emplacement des vertèbres cervicales) et par un mouvement corrélatif du maxillaire inférieur vers le bas et l'arrière qui se traduit par un menton légèrement rentré. Quand cette posture est correctement trouvée, le cou n'est absolument pas crispé et tous ses mouvements de rotation s'effectuent sans peine. L'ouverture ainsi créée laisse au système nerveux, si souvent coincé dans cette région délicate, une entière liberté de fonctionnement. Une grande partie des crispations localisées à la base du cou proviennent de ce que le poids de la tête est en porte-à-faux vers l'avant au lieu d'être équilibré sur la verticale. Lorsque la tête revient à sa place, la colonne vertébrale lui procure alors un soutien et une fermeté qui, nous le verrons plus loin, éliminent tous les problèmes de "tenue" du violon, quelles que soient les longueurs de cou incriminées.

Reste la plage intermédiaire, celle qui intéresse plus particulièrement le fonctionnement de nos bras, au niveau des vertèbres dorsales. Les bras sont reliés au corps par deux systèmes de muscles. Sur le devant, ils viennent se rattacher aux côtes et au sternum par l'intermédiaire des pectoraux.

Mais ils sont également fixés dans le dos par un réseau de muscles qui s'étend des reins à la base du crâne. Pour un observateur non initié, les frontières musculaires n'étant pas aussi nettes que des contours géographiques, précisons que les bras sont même enracinés plus bas encore, le grand dorsal descendant en réalité jusqu'au muscle pelvien. Ce muscle étant celui que nous mettons en action quand nous tirons énergiquement et quand nous grimpons à la corde, nous pouvons aisément comprendre quelle puissance nos bras peuvent tirer de cette attache sur la base même du tronc. C'est donc dans le dos sur toute la hauteur du thorax que se trouvent les vraies racines du bras, solidement attachées à cet arbre central qu'est notre colonne vertébrale. Le système dorsal étant, de beaucoup, le plus fort de tout notre corps, c'est du dos que les bras tirent réellement leur force : leurs muscles propres ne sont en fait que leurs prolongements affaiblis. Mais cette force des bras, prise dans le dos, ne peut s'exercer efficacement que si les épaules ne sont pas remontées, déracinées en quelque sorte vers le haut, ou déportées vers l'avant. Au surplus, elle ne peut s'exercer correctement si l'axe vertébral est déformé et en particulier fait le "dos rond", car alors la coordination complexe des muscles du dos dans l'action du bras est faussée.

Deux éléments de première importance sont donc à considérer si l'on veut laisser aux bras toute leur force et leur souplesse expressive sans que nulle tension ne vienne jamais "compenser" les déficiences : la *fixation active* des épaules par l'assise des trapèzes lors des mouvements des bras afin que ceux-ci trouvent leur réel point d'appui dans le dos ; et la *chute libre* de ces mêmes épaules dans une statique équilibrée sur la verticale. Les épaules tombent alors d'elles-mêmes complètement détendues et permettent aux bras d'être comme des manches de veste posées sur un cintre. Quand la colonne vertébrale est dans un prolongement vertical correct, sans tassements vertébraux qui empêchent son déploiement harmonieux, quand les épaules et les omoplates tombent dans leur véritable emplacement, les bras, par leur seule pesanteur, viennent légèrement en “chute en avant”, formant un angle de quelques degrés par rapport à la verticale. Comme nous jouons du violon “devant nous”, cette position facilite le déploiement des bras et de l'archet, la force nécessaire au jeu, ainsi que l'accès aux positions hautes sur le manche. Lorsque nous sommes assez sensibles pour le percevoir, nous reconnaissons qu'il résulte de notre attitude parfaitement *juste* un calme et une disponibilité qui permettent de se laisser complètement aller à son inspiration.

Tout le travail d'équilibration de la colonne vertébrale - dont nous avons vu les implications - passe par la connaissance de notre dos et par une prise de conscience (rarement instantanée) de sa musculature. Le dos est, pour la plupart des violonistes et pour les occidentaux en général, une sorte de mur, un monolithe inconnu qui n'a jamais été l'objet d'aucune faveur sinon de la stupide et inefficace injonction «Tiens-toi droit !» qui n'engendre ni tonus, ni aplomb, mais plutôt une raideur toute conventionnelle. C'est le dos qui le plus souvent est en cause chez les violonistes : certains, ignorant qu'ils portent atteinte à leur équilibre, se penchent à droite ou à gauche, se cambrent pour tenir leur instrument ; d'autres haussent ou rentrent les épaules, avancent la tête pour accrocher la mentonnière...

Il est donc essentiel de rendre le dos aussi *présent,* aussi vivant, aussi souple que le reste de notre corps. Nous n'estimerons jamais assez son importance. C'est lui qui porte non seulement nos bras, mais aussi nos mains et les objets que nous tenons. L'haltérophile qui porte 200 kilos le fait bien plus par le dos et par les reins que par les bras, qui jouent essentiellement le rôle de relais. Notre violon, lui, ne pèse que 400 grammes, mais il doit lui aussi être porté par les muscles du dos et non tenu par un serrage localisé qui entrave les mouvements.

Pour hâter la prise de conscience des muscles de notre dos et les intégrer plus rapidement à l'action instrumentale, il est recommandé de les "imaginer", d'en concevoir le rôle, de les localiser, de les faire jouer à volonté, tout comme nous contractons ou détendons nos biceps, nos abdominaux ou certains autres muscles que nous connaissons mieux parce qu'ils sont à portée de la vue.

Rien n'est à négliger dans l'élaboration de notre assise de base. Afin de consolider les connaissances acquises, il est bon de nous exercer à maintenir cette nouvelle position dans diverses activités de notre vie quotidienne, que nous marchions, que nous grimpions les escaliers, portions des charges ou soyions tranquillement assis sur une chaise. Nous acquerrons ainsi une indépendance, une liberté par rapport à cette nouvelle posture qui nous évitera d'avoir à y penser lorsque nous serons aux prises avec les problèmes spécifiques de l'instrument. La continuité intérieure nous permet, même dans des occupations très différentes, de *tenir notre fil*, d'être habités sans cesse par un désir de réalisation, qui travaille en quelque sorte seul, à notre insu, et nous fait progresser. Une fois bien établies les premières sensations favorables, la récompense vient vite. On adopte aisément cette nouvelle attitude, tellement plus agréable, tellement moins fatigante. Tous les groupes de muscles sont prêts à jouer sans effort, à faire le travail qui leur incombe sans aucun surmenage. On se sent "d'aplomb", dans un état d'unité intérieure où pourra s'établir une motricité naturelle, harmonieuse, donnant une impression de bien-être aussi bien au violoniste lui-même qu'à ceux qui le regardent. De plus, je l'ai observé à maintes reprises, une attitude consciente et tonique influence très favorablement le psychisme : le premier signe de dépression et de lassitude, tout comme de la vieillesse, est le relâchement du dos. Inversement, une tenue consciemment fortifiée par un dos actif soutient l'équilibre psychique, renforce le tonus vital et permet d'aborder les difficultés "la tête haute", l'esprit d'autant plus libre que le corps appartient plus solidement à la terre. Etre robuste sur ses pieds, "planté", conscient de la force qui découle d'un équilibre autour d'un axe, peut contribuer pour une large part à recréer l'unité de la personne si l'on réussit à transposer dans sa vie quotidienne ce qui devient une nouvelle manière d'être. Lorsqu'un tel dynamisme corporel - et donc mental - est assuré, alors on peut être certain que violon et archet s'intégreront sans problème à cette harmonie.

Comment ne pas tenir les instruments...

L'équilibre corporel, dont nous avons vu les grandes lignes, nous concerne tous : il n'est pas nécessaire d'être violoniste pour saisir l'intérêt d'un placement qui tonifie et dynamise l'esprit comme le corps. Mais dès que l'on joue d'un instrument, il devient essentiel non seulement de comprendre mais de réaliser ce placement par tous les moyens, même les plus détournés. En effet, si j'insiste sur la nécessité d'établir avant tout un équilibre corporel, c'est qu'il s'agit là d'un préalable indispensable - mais trop souvent négligé - à l'approche des instruments, c'est-à-dire à la tenue de l'archet et du violon sujette à tant de polémiques et de controverses. L'équilibre du corps et la tenue des instruments sont l'aboutissement d'une seule et même démarche ; ils exigent la mise en œuvre des mêmes principes. Contrairement à l'opinion généralement admise, qui ne reste tenace qu'en raison de l'ignorance totale de notre logique corporelle, la « difficulté » légendaire du violon n'est pas due à une position contre-nature mais à la nécessité pour le violoniste de tenir son instrument et d'orienter son énergie au-dessus de celui-ci, à un niveau élevé du corps. Ainsi, contrairement au pianiste dont le clavier se trouve devant lui, ou au violoncelliste qui joue au niveau du buste, le violoniste doit diriger sa force vers le haut sans la disperser. C'est cette particularité qui fait l'éventuelle difficulté du violon et rend si nécessaire l'absolue symbiose du violon et du corps. Tout comme un coureur automobile doit pouvoir répondre de son véhicule, s'approprier un espace plus large que son propre corps jusqu'à "faire corps" avec sa voiture, le violoniste doit vivre le violon et l'archet comme *une extension de son propre corps :* l'un comme l'autre sont une *excroissance de nous-mêmes* au point que nous devons étendre notre schéma corporel jusqu'aux limites de l'instrument. Ainsi, le violon s'incorpore -au sens étymologique du mot - comme "aimanté" par notre corps dans un contact si intime que nous oublions sa présence matérielle, *jouant sur nous-mêmes* comme si les cordes s'y inscrivaient directement. De même, l'archet, expression de notre éloquence, devient également un prolongement du bras et du corps. Violon et archet sont alors les révélateurs sonores du corps et non des instruments créant ex nihilo la musique : c'est pour leurs vertus réalisatrices que le violoniste les aime, plus encore que pour eux-mêmes, ce qui n'est pas peu dire... C'est aussi pour leurs qualités sonores qui lui font éprouver la valeur de ses actes.

Je l'ai déjà dit, c'est en "tenant" nous-mêmes que violon et archet "tiendront". Avant de comprendre comment le violon d'abord, l'archet ensuite, s'intègrent au corps, comment leur "insertion" s'effectue naturellement, il faut d'abord saisir combien l'équilibre du couple violon-archet est important. En un sens, il n'est pas de problèmes concernant l'un qui n'ait des répercussions sur l'autre, et la première chose à dire à leur propos est qu'il n'est pas de "tenue de violon" qui puisse être envisagée sans "tenue de l'archet", et réciproquement.

Dire de quelqu'un qu'il "joue du violon", c'est affirmer qu'il manie, avec plus ou moins d'adresse, deux objets que l'on ne songe même pas à dissocier en employant une seule expression pour les désigner. Violon et archet sont en inté-

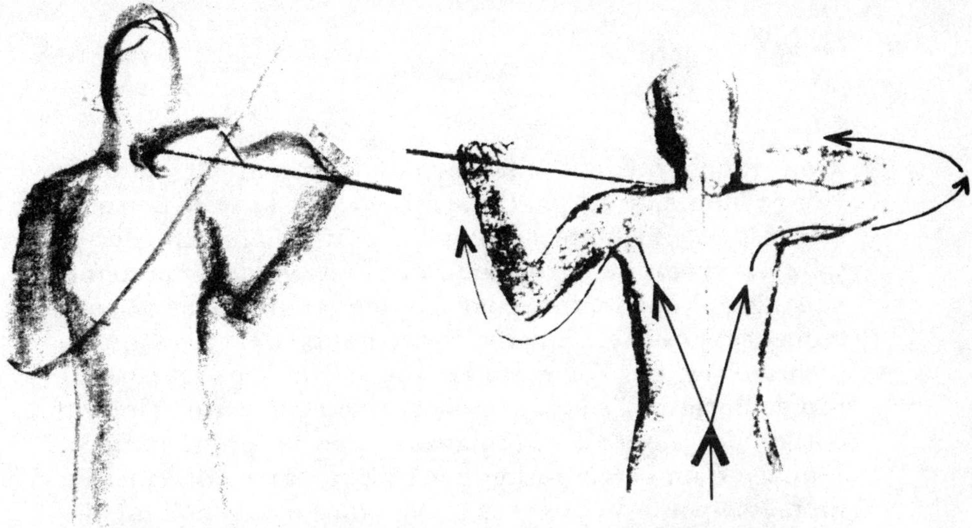

raction constante : ils forment un *tout* instrumental. Le violon, intégré au corps, est un élément de masse, statique, qui joue le rôle d'une force d'inertie, tandis que l'archet est une structure dynamique, dont la nature même est de se mouvoir. Mais, si violon et archet ont des rôles et des fonctionnements différents, ils reposent avant tout sur cette même logique et ce même équilibre corporel dont j'ai déjà parlé.

Je voudrais insister sur cet élément totalement méconnu du jeu du violon, à savoir la symétrie de nos deux côtés. Malgré la spécialisation de chacun de ses côtés, le violoncelliste, pas plus que le pianiste - encore eux ! - ne perdent de vue leur identité et leur cohésion. Le violoniste, lui, a tendance à isoler chacun de ses bras, chacune de ses mains, au point d'oublier parfois que "main droite" et "main gauche" peuvent aussi être en rapport étroit. Je tenterai de parler, un peu plus loin dans ce chapitre, de la tenue proprement dite du violon, puis de celle de l'archet, mais je ne pourrai rappeler à chaque instant cette vérité fondamentale, à savoir qu'il y a entre nos côtés une similitude constante… Le corps parfait est symétrique. Outre leur même logique corporelle, côté droit et côté gauche *tirent d'une même source l'énergie qui est transmise aux mains par des conduites identiques.* Les sensations que nous pouvons avoir d'un côté ont elles-mêmes leur homologue dans l'autre moitié de corps. Il me semble que la prise de conscience de cette unité corporelle, particulièrement nécessaire au violoniste - trop souvent constitué de deux demi-violonistes ! - peut être pédagogiquement très riche de conséquences positives. En effet, l'intégration des gestes instrumentaux est, je l'ai maintes fois vérifié, beaucoup plus rapide lorsque l'élève perçoit pleinement cette symétrie corporelle, dont il n'a parfois que le pressentiment. L'image d'un cercle formé par les deux bras enracinés en un même point du dos et se rejoignant sur le violon même, où leur contact s'achève dans le jeu, aide souvent les élèves à mieux comprendre les implications de cette réalité, tout comme la métaphore - peut-être réservée à un autre public - du violon et de l'archet faisant l'amour. La compréhension d'une telle symétrie rend ensuite encore plus aisée la participation des sensations différenciées qui correspondent à chaque côté du corps en action.

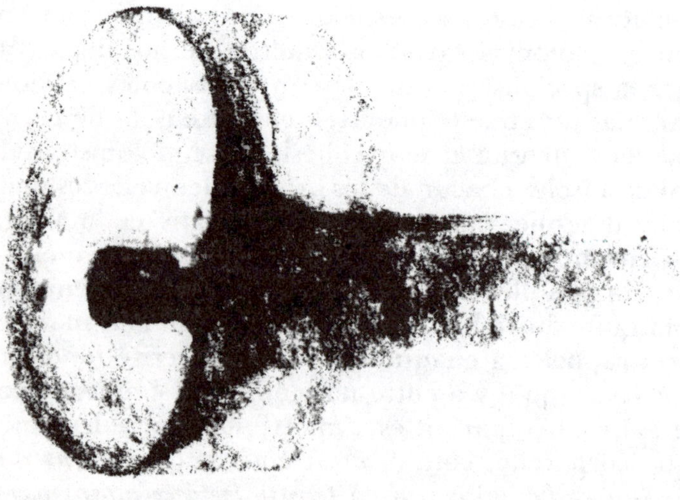

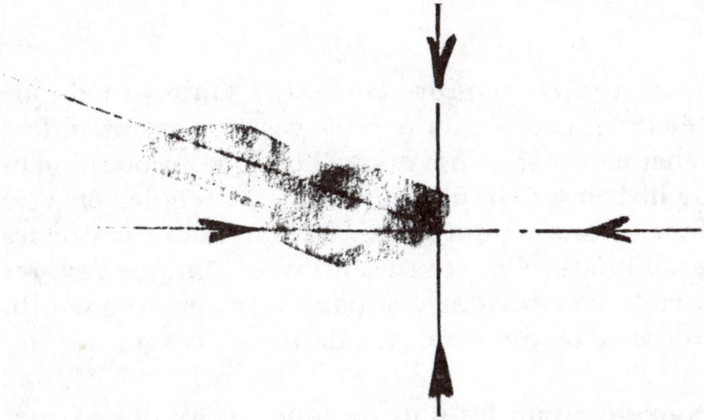

L'équilibre du "violoniste en situation" est obtenu par l'action de quatre forces. La première, liée au tonus postural, vient des pieds et de l'activité du bas du corps. Elle se propage par synergie jusqu'au bout des doigts et joue dans tout le corps le rôle de soutien. La seconde force verticale est la "mise à la masse" du violoniste, dont le poids agit vers le bas. Ainsi, la tête bien à l'aplomb de la colonne vertébrale applique une force verticale vers le bas qui s'exerce au niveau de l'étau formé par la clavicule et le menton. Deux forces horizontales s'exerçant latéralement au niveau de la ceinture scapulaire complètent cet équilibre. Elles agissent à travers un circuit aussi bien de la droite vers la gauche que dans le sens inverse. Ainsi, violon et archet ne sont plus tenus mais maintenus tous deux dans un équilibre réalisé grâce à l'action de ces forces convergentes et ne peuvent plus être envisagés l'un sans l'autre. Lorsque le dynamisme et l'opposition des forces sont parfaitement réalisés, il ne peut y avoir de serrages et d'appuis exagérés pas plus que d'effort volontaire pour retenir l'instrument. C'est rarement parce que l'on a un cou trop long ou un menton trop rentré que le violon ne tient pas, mais plutôt parce que cet équilibre général du violon et de l'archet reliés au corps n'est pas encore réalisé, soit par suite de la prédominance de l'une des forces, soit à cause de l'inertie de l'ensemble.

En créant un tel équilibre général, à l'intérieur duquel chaque élément peut varier (c'est le cas, par exemple, lorsque l'archet n'est pas utilisé et que l'on joue en pizz), on est assuré de libérer les circuits par lesquels s'écoule l'énergie, de faciliter au maximum toutes les opérations gestuelles, de les rendre naturelles et sans entraves, afin que l'expression musicale soit spontanée et passe à travers une sensibilité nerveuse et tactile préservée de tout blocage.

Les points d'appui les plus toniques, ceux qui permettent la production et l'émission la plus limpide de la sonorité, sont le dos - en particulier au niveau des reins qui soutiennent l'équilibre de tout le corps - et les mains. Les bras, que nous cherchons à rendre toujours plus libres, plus décontractés, sont de simples transmetteurs de l'énergie venue du dos. Nous devons simplement nous assurer qu'ils ne dispersent pas cette énergie au passage, ce qui se manifeste dans le jeu par des tensions et des parasites dont on ne comprend pas toujours la cause véritable. Mais la main, elle, ne se contente pas de "transmettre". Elle regroupe l'ensemble des terminaisons digitales qui sont le siège effectif de la production musicale. Aussi est-elle un lieu actif et dynamique où l'énergie est stockée avant d'être libérée et dosée à volonté dans le jeu. La main est en quelque sorte l'ultime partie de notre corps, celle qui recueille tout notre influx pour le redistribuer à volonté sur l'instrument tout au long de l'action musicale. Son équilibre, sa souplesse et sa ductilité dépendent non seulement de notre structure corporelle générale, mais également de sa forme elle-même : lorsque le violoniste donne à sa main une forme adaptée à sa physiologie pour les besoins de la musique, alors l'influx peut passer sans obstacle sur toute la longueur de la baguette et permettre une expression subtile et raffinée.

Bien qu'ayant des fonctions en apparence très différentes, les deux mains ont, dans la réalité du jeu, des formes semblables : nous voyons là un premier exemple de la symétrie dont j'ai parlé plus haut. L'une a pour fonction de maintenir l'archet et de lui dicter nos intentions, l'autre de soutenir le violon tout en formant les intervalles musicaux. Mais toutes deux participent également à la diction et à la formation du son, et exigent les mêmes qualités. Les mains faisant partie du corps, j'aurais pu en analyser la fonction dans le chapitre concernant l'équilibre corporel. Cependant, elles ne sont dans cet équilibre général qu'une simple résultante, tandis qu'elles prennent pour le violoniste en situation une importance capitale. Bien plus que des organes particulièrement souples et adaptés, les mains sont pour le violoniste le point de contact qui lui permet d'intégrer les deux éléments qui font justement de lui un violoniste ; elles sont deux formes semblables - au sens plastique du terme - dans lesquelles vient s'inscrire l'objet : la baguette ou le manche.

Bien entendu, la main gauche se meut sur le manche, tandis que la main droite conserve une place fixe pour conduire l'archet. Mais, en dépit de la différence de leur fonction, leur symétrie est totale et pourrait les rendre aussi interchangeables que les deux mains d'un pianiste, avec lesquelles d'ailleurs les analogies ne manquent pas... Cet aspect est si ignoré dans l'enseignement traditionnel du violon qu'il ne me semble pas superflu de dégager la forme la plus fonctionnelle de "la main", c'est-à-dire de chacune des deux mains, dont le placement obéit à des principes identiques.

La main doit tout d'abord ne pas être coupée du reste du corps, d'où elle puise toute son énergie, et pour cela *rester exactement dans l'axe du bras.* Dans toute autre situation, elle s'isole, devient (cas fréquent) le seul pôle d'attraction du violoniste qui "tient" alors le violon comme l'archet, au

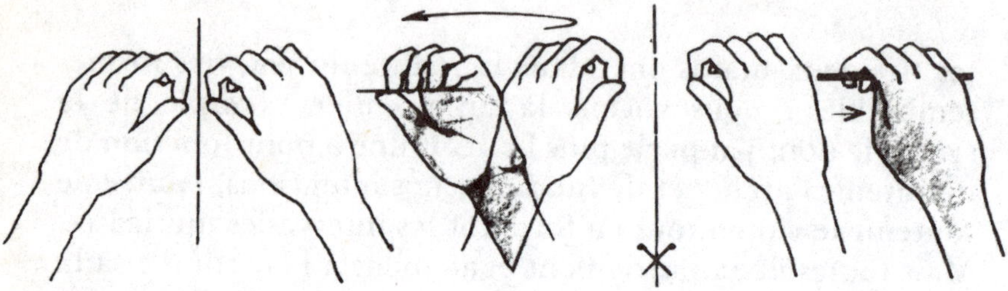

mauvais sens du terme dans la mesure où il s'apparente à un serrage qui paralyse l'action. De plus, les paumes de la main doivent rester ouvertes : à la main droite comme à la main gauche, il est indispensable que l'axe des articulations métacarpo-phalangiennes reste droit. Une main qui se "casse" se referme aussitôt sur l'objet au lieu d'en rester éloignée comme le réclame la subtilité du jeu. Pour éviter cet écueil il faut toujours garder à l'esprit que la première phalange des quatre doigts opposés au pouce (y compris l'auriculaire qui se désolidarise pourtant bien souvent de l'ensemble) prolongeant le métacarpe, est reprise dans sa musculature par un juste emboîtement des segments osseux. Si les premières phalanges sont ainsi bien reliées à la paume, alors la main n'est plus coupée au niveau des articulations métacarpo-phalangiennes et reste bien ferme, telle une main de bon pianiste. Cette fermeté est d'ailleurs indispensable afin d'équilibrer les forces qui s'exercent entre le pouce d'une part et la paume d'autre part. Dans chacune des mains, c'est la juste opposition de ces deux masses musculaires, soit le thénar et l'hypothénar, qui permettra à l'objet de s'insérer dans la main, sans que celle-ci soit serrée sur l'archet ou le manche. La main ne forme donc pas une pince, mais réalise plutôt un parfait équilibre entre l'écartement et le rapprochement de ces deux masses musculaires opposées qui lui assure une juste tonicité. Lorsque la main se décrispe et cesse d'être le siège de tensions, même inconscientes, tous les doigts deviennent actifs et l'index libéré peut réellement jouer, à droite comme à gauche et

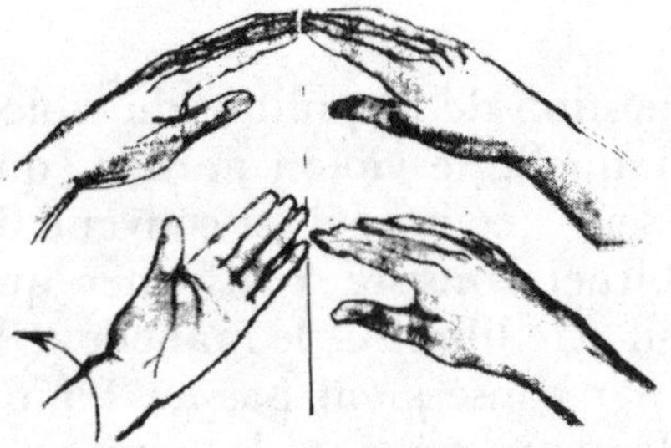

comme son nom l'indique, le rôle de *guide* qui est le sien. En dépit de tant d'analogies, ce qui distingue les deux mains - outre leurs rôles respectifs dont je parlerai séparément à propos du violon puis de l'archet et plus tard à propos des gestes de la main gauche - ce sont les deux mouvements de pronation et de supination (1) (auxquels nous reviendrons) qui leur donnent en situation de jeu une angulation opposée nécessaire à l'action. En dehors du fait que le segment avant-bras/main droite effectue une pronation pour se trouver au-dessus de la baguette tandis que son homologue avant-bras/main gauche se place en supination pour intégrer le manche du violon et évoluer sur la touche, nos deux mains sont des structures aussi identiques entre elles que celles d'un pianiste.

Dès lors, si violon et archet participent à un même équilibre général, celui du "violoniste en situation", si les mains, point de contact avec l'instrument, répondent toutes deux à une même logique, les gestes concernant la tenue spécifique de chaque instrument (que nous allons maintenant aborder) doivent avant tout se fonder sur cette cohérence : tout en tendant vers une économie d'énergie toujours plus grande, l'intégration de chaque instrument - violon et archet - doit respecter à la fois l'équilibre corporel général et la logique instrumentale qui leur est propre.

1. Les termes de pronation et supination signifient respectivement rotation interne et externe de *l'avant-bras* au niveau de l'articulation du coude.

On ne peut aborder la question de l'équilibre du violon sans dénoncer l'idée selon laquelle le violon ne tient que par l'appui de la tête, "tout seul", comme il est convenu de dire. Le raisonnement habituel consiste à affirmer que "puisque la main gauche doit être libre sur le manche, elle ne peut serrer le violon et par conséquent pas le "tenir", donc, le violon tient seulement grâce à la tête et à l'épaule". En vertu de ce principe aberrant, combien de jeunes violonistes sont fiers d'eux-mêmes le jour où ils arrivent enfin à effectuer l'affreuse et néfaste contorsion nécessaire pour coincer le violon entre l'épaule et le menton tandis que la main gauche pend le long du corps... Bien entendu, la main gauche ne doit en aucun cas serrer le manche, pas plus, nous l'avons vu, que la main droite ne doit être crispée sur l'archet : elle doit pouvoir s'y déplacer aussi aisément que celle du pianiste sur les touches. Mais elle *soutient* le manche, réduisant ainsi le rôle prépondérant joué par la tête dans la tenue de l'instrument, qui risque, lorsque l'appui est trop fort, de détruire tout l'équilibre du corps. Outre la convergence des quatre forces centripètes qui concerne, comme nous l'avons vu, le "violoniste en situation", le violon tient grâce à une balance qui met en jeu les deux points de contact du corps avec le violon, à savoir la main au niveau de la fourche pouce-index et le couple maxillaire-clavicule : sans la participation de la main gauche, il ne peut y avoir une juste relation de l'instrument avec le corps.

Répétons-le, c'est essentiellement la supination qui modifie l'orientation de la main gauche par rapport à la main droite. En effet, il suffit de prendre le violon en haut du manche (à la cinquième position) le coude plié, et d'effectuer cette rotation externe de l'avant-bras pour que le violon se trouve posé à sa place, sans que le corps ait bougé. Seul l'avant-bras doit alors tourner sur lui-même sans que le bras soit entraîné dans le mouvement : ainsi, biceps et triceps restent détendus, en liaison avec le dos. De cette façon le bras demeure, quoi qu'en dise la légende, dans une position absolument naturelle qui favorise toutes les opérations de la main gauche. Lorsque la supination, qui n'intéresse donc que l'avant-bras, est confondue avec la rotation externe de tout le bras gauche (ce fameux "coude rentré" qui fait tant de victimes...), les pires répercussions s'ensuivent qui sont dans la logique même de la situation : l'épaule avance et se déboîte, entraînant les maux de dos et les contractions des trapèzes, le pouce file en arrière ne soutenant plus la main, la paume se rétrécit, perd sa force et ne distribue pas d'énergie aux doigts, contraints à travailler comme des forcenés leur triste mécanisme sans autre résultat que des crispations si le travail se prolonge tant soit peu. Cette erreur (entretenue de bonne foi) si courante et pernicieuse, puisqu'elle entraîne de multiples réactions en chaîne, mérite d'être méditée par beaucoup qui y trouveront souvent une des causes essentielles de leurs tensions.

Fermons cette parenthèse et revenons à la supination correctement réalisée qui laisse le coude le long du corps, la face antérieure du bras et de la main dirigée vers nous. Lorsque la main est ainsi dans le prolongement du bras, le manche peut se loger naturellement dans la fourche constituée par l'articulation médiane du pouce et la base de l'index : c'est là le premier contact du violoniste avec le violon, le premier élément de notre balance, celui qui est si souvent négligé. Cette fourche parfaitement stable, qui empêche le manche de tomber dans le creux du pouce peut, sans modifier sa forme, glisser le long du manche comme un anneau. Le pouce n'a donc jamais à serrer le manche, mais il garde (comme nous l'avons vu en dégageant les similitudes des deux mains) un rôle d'opposition avec les doigts. De plus, il soutient légèrement la main au-dessus des cordes, comme celle d'un violoncelliste, ce qui permet aux doigts de tomber d'une même hauteur sans ajouter de force à leur propre poids. Il n'est donc plus question ni de "petits marteaux" qui frapperaient les cordes, ni de l'extension barbare d'un quatrième doigt récalcitrant. Mais j'aborderai ce problème des doigts plus en détail en parlant des mouvements de la main gauche. Toujours est-il que, loin d'empêcher les déplacements, le soutien obtenu par la fourche de la main gauche est le premier point de contact de la balance qui équilibre le violon.

Le deuxième élément de cette balance se situe au niveau de la clavicule du violoniste. Ce contact (trop souvent le seul auquel on s'intéresse parce qu'il est le plus flagrant, celui auquel on ne peut échapper) est de loin le plus problématique puisque le moindre serrage a un retentissement immédiat sur tout le corps, de même que sur la sonorité. Si le violoniste maintient le sternum et les épaules ouvertes, la tête étant droite dans l'axe de la colonne vertébrale et légèrement orientée vers la gauche d'une vingtaine de degrés, la clavicule et le maxillaire gauches formeront alors un étau naturel et souple où le violon peut se placer sans peine : celui-ci se pose à l'horizontale sur la clavicule, suivant la pente du maxillaire. Aucun mouvement de la tête ne doit aller chercher le violon comme s'il était un objet extérieur au corps ; c'est lui qui vient au corps sans pour autant changer notre position. Le moindre déplacement vers l'avant aurait pour conséquence de détruire l'exacte coïncidence clavicule-maxillaire, compromettant ainsi la fermeté de cet étau et détruisant l'équilibre de la balance. C'est pourquoi il importe d'éviter ces mentonnières munies de protubérances destinées à "accrocher" le violon sous le menton et qui obligent à avancer la tête : il faut au contraire choisir une mentonnière plate, légèrement incurvée,

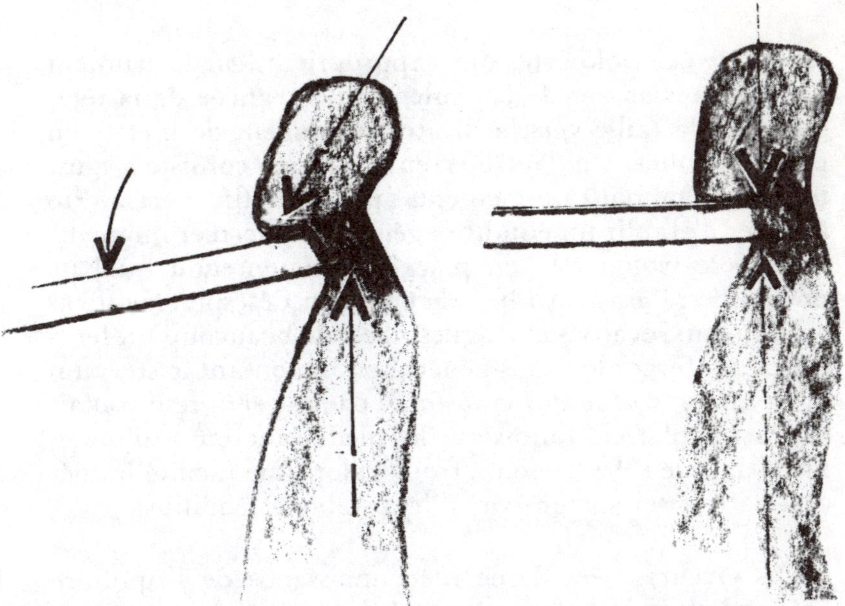

relevée sur la gauche afin de compenser la distance toujours plus grande entre maxillaire et clavicule en allant vers l'oreille. Ainsi, la tête reste dans l'axe de la colonne vertébrale et garde une pleine liberté de mouvement.

J'insiste sur le fait que le seul point de contact ici concerné par le violon est l'étau clavicule-maxillaire, *l'épaule n'intervenant absolument pas*. En effet, il est essentiel que le violon n'appartienne strictement qu'au "devant" du corps, stable et indépendant. Le violoniste doit être aussi libre par rapport à son instrument que le pianiste ou le violoncelliste qui jouent sur un objet placé *devant eux*. Le violon s'applique donc sur la table formée par la clavicule et le sternum dans le prolongement de l'épaule mais sans reposer sur elle, ce qui mettrait inutilement en jeu les muscles du dos et, de plus, provoquerait des soubresauts lors des déplacements de la main gauche.

Or, ce principe absolument logique qui garantit toute la stabilité instrumentale est bien souvent contredit par la réalité de ces violonistes qui s'approprient leur instrument par un haussement de l'épaule et une avancée de la tête, dévissant la taille vers la droite au moment de mettre en place le violon. Une autre erreur courante consiste à ajuster son violon par tâtonnements approximatifs, c'est-à-dire à tenter d'établir un équilibre général au dernier moment, lorsque le violon est "en place", étant entendu qu'il ne pourra l'être ainsi ! Au lieu de chercher désespérément ces ajustements localisés et fragiles, il est de beaucoup préférable de renforcer le tonus général en remontant le sternum et *en allongeant le dos et la taille* comme si la tête voulait toucher le plafond tandis que les pieds s'ancrent profondément dans le sol : le violon trouve alors une facilité immédiate à reposer sur un corps déjà stable et équilibré.

Ces erreurs, nées d'une méconnaissance de l'équilibre corporel et de la balance du violon, expliquent l'actualité toujours brûlante des querelles concernant le "coussin". L'idée de supprimer le coussin n'est pas une provocation, elle repose sur une considération de l'équilibre du violon - et du violoniste - dans sa totalité : le problème du coussin est en fait un faux problème qui ne prend pas en compte l'ensemble de l'équilibre corporel. Le coussin est un palliatif qui peut faire effet jusqu'à un certain niveau. Souvent difficile à adopter au départ, le jeu sans coussin ouvre sur une recherche qualitative et des perfectionnements sans limites. Outre un contact moins intime avec l'instrument, le coussin a l'inconvénient d'empêcher la conduction osseuse du son : lorsque nous jouons, notre propre son nous parvient intérieurement par la résonance osseuse plus rapidement et plus richement que par l'écoute extérieure, en particulier dans les "aigus". Notre sensibilité intérieure peut donc donner à notre jeu une fulgurance parfois exceptionnelle, ce que le coussin - surtout s'il est épais - empêche absolument. De plus, s'il ne dégage pas la clavicule, le violoniste qui joue avec un coussin aura tendance à se reposer sur lui, c'est-à-dire à laisser son côté gauche inerte au lieu d'en tonifier les éléments actifs. Mettre un coussin c'est tenter de réparer à l'aide d'une béquille ponctuelle un déséquilibre global qui ne manque pas d'apparaître un jour ou l'autre. Cela dit, il y a coussins et coussins… certains d'entre eux, très minces et mieux conçus, peuvent dans certains cas jouer un rôle de "trompe-angoisse" qui n'est pas négligeable. Certes, il vaut mieux jouer avec un tel coussin que gaspiller son énergie pour tenter de tenir le violon en l'ayant supprimé, sans établir en même temps les bases d'un équilibre ; l'"orchestre", à cet égard, en rend la conquête plus difficile car il ne favorise ni le maintien du tonus, ni la présence à soi-même. La seule réponse à la question "coussin ou pas coussin" est donc une réponse qui n'y répond pas mais qui insiste sur l'unité de la tenue du violon et de l'équilibre corporel.

Même si le violon est l'élément statique dans le couple formé avec l'archet et si les deux points de contact qui constituent la balance lui donnent une forte stabilité, la recherche de son équilibre ne doit pas engendrer d'attitude figée. Il n'est pas question, sous prétexte de satisfaire à des principes corrects, de tomber dans une rigidité et une immobilisation du squelette qui seraient la négation même de la vie. Au contraire, il faudrait être capable de tenir son violon de diverses manières, à la façon d'un violoneux, d'un tzigane, à toutes les hauteurs, dans toutes les postures, afin d'être libre dans sa "tenue", c'est-à-dire sa "non-tenue". Ce n'est que lorsqu'il est capable de marcher, de s'asseoir, de se lever et même de danser tout en jouant qu'on peut dire d'un violoniste que son violon est intégré à son corps : l'équilibre n'est plus alors celui du corps ni celui du violon, mais celui du "violoniste en situation", de ce couple formé par un musicien et son instrument.

Tout comme le violon, l'archet ne s'intègre à l'équilibre général que s'il bénéficie de l'énergie venue du corps tout entier au point d'en devenir le prolongement. Pour faire partie intégrante de nous sans que s'exerce au niveau de la main le plus petit serrage qui freinerait l'élan du geste et interromprait la transmission de l'énergie, nous devons absolument abandonner nos façons habituelles de considérer l'appropriation des objets. Une petite démonstration d'aïkido m'avait profondément frappée il y a quelques années car elle illustre parfaitement mon propos sur la "non-tenue" ponctuelle de l'archet. Elle met fin, mieux que des discours, aux polémiques concernant la "tenue" de l'archet - c'est-à-dire plus exactement de la main droite - selon lesquelles le petit doigt ne pourrait être que tendu ou le pouce que plié...

Il s'agissait d'un combat symbolique que maître et élève menaient l'un contre l'autre. Il débutait par d'admirables passes à main nue où chacun rivalisait de virtuosité, de souplesse et de pirouettes acrobatiques pour s'éviter ou se projeter à terre, à qui l'emporterait... Puis ces passes à main nue devenaient passes à main armée : un canif d'abord, un petit poignard ensuite, un sabre, une épée et enfin un fusil à baïonnette de plus de quatre kilos, toutes ces armes portées par la seule main droite. Au cours de ces divers épisodes, les deux protagonistes parvenaient à réaliser les gestes déjà effectués lors de la passe à main nue avec la même précision, la même souplesse et le même prodigieux équilibre, semblant faire fi du poids et de la taille croissante de leurs armes, comme s'ils n'avaient rien en main. L'appropriation de leurs outils était totale. Ni obstacle, ni résistance ne freinaient la communication de leurs sentiments qui semblaient traverser leurs armes comme s'il s'agissait de leurs propres membres. L'expérience qui était effectuée si somptueusement avec un fusil de quatre kilos ne pourrait-elle pas nous indiquer la voie à suivre pour résoudre les problèmes dérisoires posés par les soixante grammes de notre baguette ?

L'archet, en tant qu'objet, n'est autre que la baguette du chef d'orchestre, qui, insérée à son bras, achève et prolonge tous ses gestes. Il ne peut donc être tenu, c'est-à-dire serré par une main isolée du bras puisque, nous l'avons vu, le moindre serrage inopportun crispe les muscles du bras et paralyse l'action. Pour s'intégrer au bras du violoniste au point d'en devenir comme le troisième segment, il est utile et profitable de se suggestionner au point de percevoir le dessous du bras comme s'il était le crin, tandis que le dessus du bras prolongerait le bois de la baguette : cette forte évocation permet de cultiver la sensation très satisfaisante d'un archet totalement ductile, commençant à la naissance du bras, et même au-delà dans le dos.

Pour saisir l'archet, il faut évidemment, avant tout, que l'épaule droite soit basse et l'équilibre du corps assuré. Alors, on peut amener vers l'avant du corps le bras droit, décontracté et pendant comme une manche de veste, en s'assurant que les segments d'ossature du bras restent bien emboîtés dans le dos. C'est la pronation, nous l'avons dit, qui distingue l'orientation de la main droite par rapport à l'autre main. C'est donc, à l'instar du côté gauche, l'avant-bras seul, ainsi que la main toujours dans son prolongement, qui doit effectuer cette rotation interne, sans entraîner avec lui le bras proprement dit. Ainsi, le coude est tourné vers l'extérieur et libre de ses mouvements, tandis que la main vient se placer dans l'axe du bras, en position de jeu. Cette orientation qui, sans que nous en ayons conscience, fait partie des gestes de la vie quotidienne, doit devenir naturelle dans le jeu et ne pas nécessiter plus de réflexion que n'importe quelle action que nous aurions à effectuer devant nous.

Ce sont trop souvent nos mauvaises habitudes qui nous entraînent à faire un geste isolé et compliqué là où bien peu suffirait. Un élève, dont j'ignorais qu'il avait été longtemps danseur professionnel, s'acharnait, dès qu'il voulait tenir son archet, à ne faire intervenir que l'action de ses doigts et crispait sa main. Apprenant qu'il avait dansé, je lui suggérai de prendre la position d'arabesque et plaçai dans sa main désormais détendue et portée par son bras l'archet qui lui parut alors tenir seul par "miracle" : faisant appel à son équilibre postural, il avait simplement réalisé en deux minutes ce que plusieurs années de pratique instrumentale paraissaient devoir lui interdire. La danse - que paradoxalement il tentait d'oublier dès qu'il se mettait au violon - lui avait enseigné à emboîter parfaitement les segments d'ossature de son bras et à en faire un tout, ce qui lui permit de comprendre et de sentir d'emblée que ce n'était pas la main seule qui tenait le violon. Ses problèmes de pouce, de doigts, lui apparurent dès lors comme les reliquats d'une alchimie compliquée, dont le seul effet avait été d'occulter le véritable fonctionnement qu'il recherchait.

Seule la pronation peut libérer la main et les doigts des crispations auxquelles ils sont bien souvent sujets. Cette rotation de quatre-vingt dix degrés, qui laisse apparaître la face externe du bras, a pour avantage primordial de conduire toute la force du bras sur l'index, point de contact essentiel de la baguette avec la main. Ainsi, toutes les pressions qu'il devra exercer sur l'archet ne seront pas des pressions du doigt ou de la main seule, mais bien des pressions du bras tout entier qui permettront un éventail infini de nuances et d'accentuations en évitant les écrasements, parasites ou flottements. Cette même pronation permet de libérer non seulement l'articulation du coude qui peut alors se fermer et s'ouvrir de gauche à droite dans le sens exact de la conduite de l'archet, mais également le poignet qui devient, lui aussi, libre de fonctionner aussi bien latéralement que verticalement. C'est l'absence de pronation qui est la cause de ces compensations diverses que sont un coude trop haut ou un poignet trop mou, tous inconvénients qui interdisent l'égalité de pression de la pointe au talon, et introduisent des tensions dont les répercussions sonores se font rarement attendre.

Tous ces bons placements fonctionnels ne trouvent leur pleine justification que si la main est bien cette forme solide que nous avons évoquée, où l'archet peut venir s'intégrer, tout comme le manche s'intègre à la main gauche. Rappelons rapidement ce que nous avons dit de la structure de la main : les quatre doigts dont la première phalange prolonge le métacarpe forment, avec la paume restée ouverte, une masse qui vient s'opposer au pouce. Celui-ci, toujours relié à l'éminence thénar, sans être "cassé", ne joue pas avec la paume le rôle d'une pince qui viendrait serrer l'archet : les deux masses musculaires thénar-hypothénar s'équilibrent sans crispation et constituent le moule général de la main, dessinant un cercle semblable à celui que nous faisons pour défaire un nœud délicat. Le pouce, formant un anneau avec le médius, maintient la baguette à l'intérieur des doigts en s'appliquant de côté et non pas à plat, ce qui provoquerait par répercussion logique immédiate la torsion de la main et une élévation de l'articulation du métacarpe qui suffit amplement à expliquer toutes les faillites de sautillés et de coups d'archets subtils. Les doigts qui maintiennent la paume bien éloignée de l'archet "répondent" en quelque sorte à cette pression exercée par le pouce (c'est surtout le rôle de l'annulaire et de l'index que d'effectuer cette contrepression) créant ainsi un équilibre où la baguette tient seule, s'insérant sans mal entre deux masses antagonistes.

Dans le jeu, c'est le pouce qui *réagit* aux différentes pressions de l'index et du bras, et s'oppose à tous les écrasements. C'est parce que notre baguette est un objet mince que nous nous posons au sujet de sa tenue une foule de faux problèmes. Si nous devions nous saisir d'un objet plus gros, une canne par exemple, nous conserverions la forme naturelle de notre main au lieu de l'effondrer en se fixant sur des points de détail. De même, si nous prenons la baguette à pleine main, nous comprenons que lorsque la main n'est pas troublée par les déformations des doigts et demeure dans le prolongement du bras, les problèmes de tenue disparaissent rapidement.

Malgré leur activité autonome, les doigts de la main droite restent avant tout les serviteurs des ordres qui leur sont transmis de plus haut : ils représentent les derniers maillons de la chaîne motrice, ceux qui concrétisent la préhension et, par la suite, les mouvements. La baguette vient traverser en oblique la main (qui est toujours dans le prolongement de l'avant-bras), depuis l'index jusqu'au petit doigt. C'est l'index, en contact avec la baguette au niveau de la deuxième articulation qui transmet toute la pression venue du bras et donne une direction à l'archet - tout comme l'index gauche joue le rôle de curseur le long du manche. L'auriculaire, lui, est le gouvernail de la main : il redresse la baguette si besoin est, et la maintient d'aplomb lorsque l'on joue au talon. Sa position idéale est d'être posé sur le sommet du bois de la baguette, plus exactement en deçà de l'arête qui la domine, permettant ainsi d'en assurer le parfait équilibre. Le médius - qui forme avec le pouce l'anneau dont j'ai parlé - étant le doigt le plus long de tous, il convient de le relever légèrement, afin que son poids ne conduise pas la paume à s'affaisser. Enfin, l'annulaire constitue avec l'index l'autre point d'opposition au pouce. Grâce à son action importante de préhension au

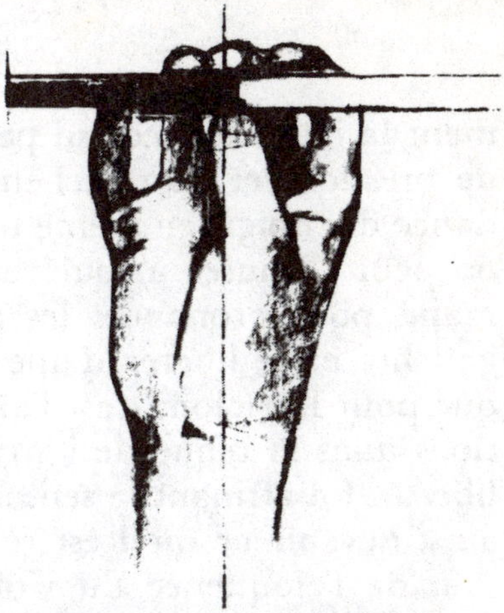

niveau de l'articulation de la phalangette, la baguette se place dans un trident stable qui maintient la tonicité et l'élasticité de la voûte de la main.

J'ai abordé en dernier l'organisation des doigts proprement dits, parce qu'il est plus logique d'insister d'abord sur le rôle du bras tout entier, à partir du dos jusqu'à la main qui en est la terminaison. Mais il ne faut pas oublier que les sensations que l'on peut avoir au niveau de la main sont essentiellement digitales. Tous les conseils sur la tenue de l'archet ont pour aboutissement ultime un *contact sensoriel très intime avec la baguette*. Celle-ci doit absolument avoir une présence, une existence sous les doigts, et le contact de ceux-ci avec le bois doit être le plus sensuel possible - ce qui, soit dit en passant, ne peut être le cas lorsque les baguettes sont recouvertes, en guise de poucette, de ces tuyaux à gaz (encore des palliatifs) qui isolent le bois. Le but de la non-tenue des instruments est de libérer totalement la sensibilité de nos doigts qui nous donnent alors l'impression de sortir directement de notre bouche pour parler et "dire" la musique. Lorsqu'ils ne sont plus immobilisés ou raidis par un souci de tenir l'archet, ils peuvent jouer finement leur rôle, qui est de transmettre à la baguette nos pleins et nos déliés comme dans l'écriture. Parfois, ils s'opposent au poids du bras en relevant légèrement la baguette, ce qui permet de subtiles combinaisons de pressions et de relâchements. Pour exercer l'indépendance des doigts en même temps que leur totale solidarité, on peut s'amuser à soulever un à un les doigts des deux mains pour prononcer les notes aussi bien à droite qu'à gauche, et se libérer d'une éventuelle rigidité. De même que pour le violon, c'est l'absence de difficulté, de crispations dans la tenue de l'archet qui lui donne sa véritable liberté. En affinant la sensorialité des doigts, l'archet peut ainsi devenir ce qu'il est réellement, c'est-à-dire l'expression de l'éloquence du violoniste, de sa subtilité, de sa rigueur et de sa véritable richesse. Nous y parviendrons encore mieux lorsque nous aurons compris quelle direction peut prendre notre travail grâce à la recherche de sensations constructives.

La sensation, une conscience corporelle

La "sensation", qui devrait inspirer toute démarche instrumentale, pouvait être un préliminaire à chaque chapitre de ce livre ou les introduire tous. Mais, étant si étrangère aux habitudes de travail autoritaires de la plupart des musiciens, j'ai préféré que la lecture des chapitres précédents impose sa nécessité. Avant d'aborder l'analyse des gestes fonctionnels dont l'acquisition est absolument basée sur la sensation consciente, il devient urgent d'en dégager l'importance.

"Sentire" en italien veut dire "écouter et sentir". Chez un musicien, ce verbe "sentire" devrait nourrir à chaque instant toute son activité. La réalité est souvent différente.

Pour bien des violonistes, le travail instrumental consiste à répéter un même mouvement sous des formes variées afin d'acquérir un automatisme technique : on joue lentement, vite, éventuellement en décomposant. On recommence jour après jour, mais on oublie que le temps ne peut faire mûrir que ce qui a été fécondé. Dire "ça viendra avec le temps" équivaut souvent à reconnaître plus ou moins consciemment la stérilité des efforts entrepris. Il semble bien que cette façon de travailler conduit difficilement à la réalisation de transformations et d'acquisitions durables. Elle exige au contraire un entraînement intensif sans lequel bien des lacunes apparaîtraient, et fait entrer le violoniste dans un cercle infernal : puisque la répétition et la pratique sont les seuls garants de la technique, il devient impensable de s'interrompre quelque temps de jouer ou de travailler. Les aléas extérieurs prennent rapidement des proportions démesurées et rien n'est plus possible ces fameux jours où l'on n'est "pas en forme". Le travail, loin d'être occasion d'approfondissement et de recherche, n'est alors qu'un simple moyen de conserver un état, une nécessité pour ne pas régresser. Et pourtant, il n'est pas d'âge où l'on puisse accepter comme une fatalité de ne pouvoir progresser : l'évolution n'est jamais fermée à celui qui accepte de s'interroger sur ses propres méthodes et sur lui-même.

A l'apprentissage basé sur l'imitation et l'approximation, il est possible de substituer une démarche qui réponde aux besoins profonds de bien des musiciens adultes. Son principe consiste à diriger l'attention, non sur le seul résultat extérieur du travail, mais de *l'intérieur, sur la perception de la sensation physique qui permet d'atteindre ce résultat*. Nous ne pouvons acquérir réellement que ce qui est "nôtre", c'est-à-dire combinaison d'une prise de conscience et d'une expérience vécue. Plus précisément, *une idée, une suggestion ne prend de valeur en musique que si elle est éprouvée sensoriellement*. Cela explique les malentendus de l'enseignement lorsqu'il est pratiqué sur des élèves énervés par des professeurs énervés eux-mêmes, qui ne sont ni les uns ni les autres en état de donner, de recevoir et de traiter correctement les informations qui leur demeurent extérieures. Notre démarche consiste en réalité à prendre une conscience intime et aiguë de ce que l'on ressent dans un geste ou dans plusieurs gestes combinés jusqu'à pouvoir les retrouver et les refaire exactement sans le moindre doute, sur simple évocation mentale instantanée de la sensation trouvée. L'originalité de cette approche consiste dans la recherche approfondie effectuée sur l'ensemble des sensations qui rentrent en jeu dans l'élaboration de notre technique. Bien entendu, la recherche de la sensation n'implique pas l'abandon de l'assiduité et de la rigueur dans l'étude. Mais elle demeure un préliminaire absolument nécessaire à tout type de travail, fût-il le plus technique et le plus intensif.

N'est-il pas paradoxal que le violoniste, dont la fonction est de traduire des sentiments et des émotions, néglige à un tel point ses propres sensations ? Or, l'absence d'équilibre corporel et d'intérêt pour les sensations est particulièrement préjudiciable au violoniste : en tant qu'artiste et musicien il devrait déjà développer une réceptivité sensorielle immense, mais en tant que violoniste il devrait - de plus - avoir une conscience affinée de son corps qui permette de réconcilier la musique et le mécanisme.

La pratique du violon semble au contraire curieusement scindée : d'une part la musique dont on garde à l'esprit (espérons-le !) qu'elle en est la finalité ; et d'autre part le mécanisme tenu pour la seule voie d'approche convenable de la technique. Cette dichotomie conduit à travailler à part la technique et la musique comme si elles étaient étrangères l'une à l'autre. Une troisième voie consiste en un besoin de réalisation qui passe par l'assimilation de sensations qui sont le lien entre la musique et la vélocité.

C'est parce que nous jouons avec notre corps que la recherche de la sensation juste est si importante. Au lieu d'incriminer systématiquement le manque de travail ou le "mauvais" travail sans préciser ce que recouvre ce terme, nous devrions songer à mettre le corps en question sensoriellement, tant dans sa relation avec lui-même que dans sa relation avec l'objet : tout, l'équilibre postural, le geste, la sonorité, la justesse... peut et doit passer par le canal admirable de la sensation consciente pour *être possédé*. La sensation et la conscience doivent pénétrer partout. Aucune partie du corps ne peut rester étrangère au champ de la conscience sans risquer d'être un jour la cause d'interférences et de désordres qui perturberaient l'équilibre. Peut-être pouvons-nous nous accommoder de situations imparfaites, mais jusqu'à un certain niveau seulement. Un jour, nous découvrons à l'occasion d'un problème particulier que les sensations correspondantes nous manquaient, et que leur absence était la cause du blocage. Même si l'on veut économiser du temps, et laisser de côté certaines sensations corporelles pour hâter le résultat, il vient presque toujours un moment où, à la faveur de telle difficulté rencontrée ou de telle faiblesse gênante, il faut orienter le projecteur sur la zone de sensations qui était restée dans l'ombre. L'aspect captivant de ce travail est que toutes les informations qui ont été ainsi profondément ressenties par le corps annulent d'un coup la distance angoissante qui existe entre ce que l'on veut faire et ce que l'on est *soi-disant* incapable de faire. Vouloir et pouvoir coïncident enfin. Une sensation juste et parfaite peut *dans l'instant* provoquer le résultat positif que des années de travail n'avaient pas réussi à obtenir et ouvrir la voie à d'infinis progrès.

Il peut paraître utopique de s'attacher à remettre sur une voie de transformation des musiciens adultes alors que l'on pourrait se consacrer directement aux enfants, dont la virginité paraît gage de réussite : on préfère souvent construire du neuf plutôt que bâtir à partir de l'ancien. J'ai personnellement expérimenté que lorsque le désir du musicien n'est pas altéré par le doute, il n'est jamais trop tard pour débloquer des situations apparemment irréversibles. L'âge n'est pas un obstacle. Seule l'idée que l'on s'en fait... Quand la croissance est une vie, quand elle vient des racines de l'être, on se développe sans cesse comme le vieux chêne qui continue jusqu'à la mort à accroître ses anneaux ligneux. Le mythe des culottes courtes, selon lequel on ne peut plus mettre les choses en place après l'âge de 14 ans, surtout si l'on n'a pas commencé le violon à cinq ans, doit être définitivement détruit. Certes, l'approche instinctive de l'enfant lui confère des facilités d'assimilation que n'a pas l'adulte. Mais celui-ci n'en est pas moins capable de progrès et d'améliorations profondes à condition d'être sollicité sur le terrain qui est le sien. La démarche de l'enfant, basée sur l'intuition et l'imitation, doit se transformer un jour ou l'autre en une approche consciente s'il ne veut pas passer le reste de sa vie à regretter le paradis perdu de l'enfance. L'apprentissage par la sensation exige une prise de conscience dont les enfants ne sont pas capables, ce qui ne signifie nullement qu'ils soient exclus de ces considérations. Pour aider un enfant à mettre en œuvre des mouvements justes fondés sur des sensations justes (sans pour autant lui en faire prendre conscience), l'adulte doit *lui-même* avoir une expérience de ces sensations consciemment acquises. Parce qu'elle permet au pédagogue de guider l'enfant en toute sécurité et parce qu'elle ouvre la voie à un progrès illimité, cette recherche consciente des sensations est donc une approche fondamentale.

Il est bien évident qu'à moins d'être habité par une image musicale exceptionnellement riche qui se fraie un chemin coûte que coûte à travers la matière, il s'agit là d'un domaine dans lequel on ne peut s'engager efficacement seul, sans être guidé par un maître qui l'a déjà parcouru.

Si tant d'instrumentistes sont "coincés" c'est parce qu'à un moment plus ou moins tardif de leur formation, ils se sont inhibés, se coupant de toute communication avec eux-mêmes. Combien ignorent qu'en plus d'une tête et d'une sensibilité, ils ont aussi un corps, c'est-à-dire des pieds, des jambes, un ventre, un dos... Comment la musique pourrait-elle se frayer un chemin dans un corps où la conscience n'a jamais pénétré, dans un corps encombrant perçu comme un obstacle? L'aisance et l'adéquation d'un geste ou le contact intime de la baguette dans l'articulation des doigts est chose impossible pour qui est obsédé par la crispation de son épaule gauche et par la façon de tenir son archet, dans le seul souci permanent de ne pas "rater". Je vois trop souvent, l'ai-je dit, ces musiciens éteints, aigris, mal dans leur corps et dans leur respiration, "crampés" et saisis par des tics, pour qui toute sensation de bien-être ou de plaisir est inconnue. Quand on sait d'expérience qu'aucune expression ne peut passer sans que l'interprète soit *bien* - bien avec lui-même, bien dans son corps - on ne peut escamoter le problème. Bien souvent un doute profond, un manque de confiance en soi sont la cause réelle de ce malaise physique. Il n'est alors que plus urgent de restaurer une conscience corporelle positive qui devienne source de sécurité.

Les tentatives d'approche de la sensation sont fréquemment suspectées par le musicien : «je ne sais pas si je vais y arriver... cela me paraît bien difficile». Tout geste, aussi simple soit-il, est traduit en termes d'échec ou de réussite, de jugement, de preuves à donner au lieu d'être considéré dans l'instant pour ce qu'il est : un geste à ressentir. C'est dire qu'il est rare de pouvoir approcher de façon immédiate la sensation corporelle.

Il arrive que certains préalables ne suffisent pas et que des violonistes aient des problèmes psychologiques si aigus qu'ils nécessitent d'être aidés à pouvoir vivre leur corps... En dehors de ces cas particuliers, il est toujours possible de redonner aux violonistes entravés par une mauvaise relation avec eux-mêmes une conduite détendue et confiante. Celui qui en a la volonté peut se changer, peut reconsidérer son jeu en découvrant consciemment les sensations positives qui l'y aideront. Une motivation suffisamment forte et une persévérance dans la recherche entraînent parfois des progrès spectaculaires qui transforment littéralement la nature d'un jeu. Comment en serait-il autrement puisque le "travail" ne consiste plus à acquérir à tout prix ce qui nous est extérieur, mais à révéler nos possibilités latentes...

Cependant, on ne "rentre" pas si facilement dans cette voie de recherche de la sensation. Sentir est certes une chose naturelle, mais qui ne nous est pourtant pas familière. Notre vie quotidienne est un engrenage de suractivité, d'agitation et de bruit, dont nous ne sommes parfois même plus conscients, qui développe exclusivement nos possibilités de raisonnement et de volonté, mais nous coupe du terrain intérieur réceptif et paisible sur lequel pourraient naître et se développer des sensations justes. Certains musiciens sont parfois esclaves de cet énervement et de ce bourdonnement, au point de ne plus pouvoir arrêter leur moteur emballé : ils sont capables de continuer à jouer sans s'en apercevoir même lorsqu'on leur parle, comme s'il leur était impossible de se défaire un seul instant de leur drogue, prisonniers qu'ils sont de leur rêve éveillé, coupés de la réalité.

Pour réapprivoiser, tel le petit prince, l'étranger qui est en nous, il faut avant tout pouvoir "s'arrêter", s'arrêter de jouer, de parler, de bouger, de raisonner sans cesse, afin de rompre le cercle infernal qui empêche toute information de pénétrer, toute sensation de se former. Ce sont les centres régulateurs de la base du cerveau qui permettent à la fois la vigilance de l'esprit et la paix intérieure. Lorsque nous sommes distraits, perdus dans les idées, les soucis, le passé ou l'avenir, notre cerveau, perturbé, est incapable de recevoir les messages sensitifs, incapable d'une quelconque "attention". Il faut donc, avant toutes choses, que nous devenions présents à notre schéma corporel pour cesser d'être un moi idéologique désincarné, un corps oublié. Nous tenir debout ou rester assis dans un fauteuil, nous relâcher au maximum sans rien faire, en écoutant le silence, en prenant conscience de notre présence, de notre volume, de la position de notre corps, de notre communication avec l'air ambiant, tels sont les premiers exercices qui peuvent nous aider à calmer l'agitation. Si certains parviennent en dix minutes à créer en eux le calme nécessaire, d'autres ont besoin de renouveler l'expérience plusieurs fois pour devenir disponibles.

Lorsqu'un tel état de vide est obtenu, lorsque nous sentons la réalité de notre présence corporelle passive, nous pouvons essayer de ranimer nos pulsions de vie : nous étirer, nous dilater, bailler, sourire, faire jouer nos membres ou nos doigts de façon consciente crée un réel bien-être, un "plaisir d'être vivant". C'est par l'expérience du "ne rien faire", par la non-activité consciente que nous pouvons apprivoiser la réalité du souffle, nous familiariser avec le silence, vivre des moments de bien-être intérieur. Quand nous parvenons à jouir sans restriction d'une ou plusieurs de ces sensations diffuses, notre discernement s'éveille : nous prenons conscience de l'écart qui sépare le calme intérieur présent de l'ancien état agité et aliéné qui était le nôtre. Nous sommes alors suffisamment sensibilisés et préparés pour reproduire cette même disposition lors de l'apprentissage des sensations précises qui construiront notre technique instrumentale.

Nous pouvons entrer dans une phase d'écoute intérieure avec la conviction que la recherche d'une sensation juste n'est pas une contrainte, mais plutôt une nécessité dont nous tirons une satisfaction profonde. L'idée même de "prendre sur soi", c'est-à-dire d'installer en nous un rapport de force, doit disparaître : nous devons au contraire découvrir les besoins et les désirs réels qui sont les nôtres, donc préciser nos objectifs en fonction du travail qui nous attend. Sans jamais oublier que chaque élève a sa propre approche sensorielle, le maître, le "révélateur de nous-mêmes", peut à ce moment apporter une aide précieuse. En effet, outre les besoins de préciser notre démarche, nous risquons fort d'éprouver une période d'inadaptation, parfois difficile à supporter. J'ai souvent ressenti la profonde angoisse de ces élèves qui m'affirment : «ça y est, je ne sais plus jouer», parce qu'ayant entrevu les lacunes de leur approche antérieure, ils n'ont encore tiré aucun bien-être de l'appropriation de sensations nouvelles dont ils reconnaissent pourtant les vertus. Dans l'impossibilité de répéter spontanément leurs gestes "comme avant", ces violonistes vivent une phase momentanée où les sensations nouvellement acquises ne sont pas assez intégrées pour que le travail porte ses fruits. Il est parfois bien difficile de les convaincre qu'il s'agit là d'une situation temporaire qui n'a rien de surprenant : "l'esprit est prompt, mais la chair est faible" est une réalité que découvrent ces instrumentistes qui cherchent à rendre leur corps intelligent, sans qu'il devienne pour autant le serviteur de l'esprit... C'est donc au maître de restaurer la confiance et de cerner avec précision les désirs de l'élève, afin que celui-ci puisse les concrétiser le plus rapidement possible.

Les sensations ne peuvent naître qu'en donnant une forme à nos désirs, donc en créant des images mentales qui leur correspondent, ce qui n'est pas plus difficile que de se souvenir d'une scène passée ou d'anticiper une scène future. Habitués à visualiser plus ou moins consciemment toutes sortes de situations ou d'événements, nous pouvons, à condition de définir de façon claire et distincte le but que nous poursuivons, visualiser également ce vers quoi nous tendons dans notre action musicale.

Nous devons en quelque sorte programmer une image

positive, indissociable de l'idée de réussite. C'est en sélectionnant une idée ici, une observation là, une série d'expériences passées, une sensation récemment trouvée, en les associant et en les organisant presque à notre insu en une structure élaborée, que nous apportons l'élément nouveau qui peut-être libèrera une situation bloquée. Seule une grande *disponibilité* aux sollicitations provenant tant de l'intérieur que de l'extérieur, elle-même liée à un discernement subtil, permettra de constituer un modèle, et ce n'est pas seul dans sa chambre, fermé aux échanges et aux contacts, que l'on pourra constituer des images mentales permettant d'évoluer.

Il est bien difficile d'exprimer ce qui est pourtant au centre même de toute cette démarche, c'est-à-dire l'instant-sensation, cette fulguration intérieure qu'on peut préparer, désirer, favoriser mais qui est par essence intangible. La difficulté de rendre compte d'une démarche sans en élaborer un mode d'emploi est décuplée lorsqu'il s'agit de la sensation. Elle n'est pas le gâteau que l'on obtient en suivant scrupuleusement le livre de recettes. Il est à la limite impossible d'en parler tant l'expérience vécue peut seule la rendre tangible. Lorsque sont franchies les étapes préparatoires un peu longues à "installer" - mais qui deviennent bientôt un réflexe chez celui qui en prend l'habitude - chacun vivra alors une sensation, c'est-à-dire vivra une évidence corporelle concernant la recherche sur laquelle il s'est penché. La sensation juste correspond à un bien-être personnel à chacun, adapté à l'image mentale préalable, qui donne cette impression unique de découvrir enfin à la conscience une frange nouvelle, de révéler un nouveau pouvoir. Personne - pas même les élèves les plus inhibés ou les moins démonstratifs - n'est insensible à ce sentiment irrésistible d'une "correspondance" unique et parfaite entre l'image et la sensation qui la réalise.

Dans cette recherche de la sensation, l'ennemi principal reste la connaissance théorique et intellectuelle. Trop souvent, j'entends des élèves m'affirmer « j'y ai beaucoup pensé», quand la vérité ne pourrait venir que d'un «je l'ai bien souvent ressenti». Il est d'ailleurs frappant de constater combien ceux qui ont déjà une certaine conscience corporelle, acquise par la danse, les arts martiaux, l'équitation ou d'autres sports, sont mieux préparés à cette approche.

Lorsqu'une première sensation obtenue par la projection d'une bonne image est vécue avec délectation, la voie est ouverte aux autres sensations qui suivront. Elles peuvent concerner diverses régions du corps, et s'exprimer par les canaux sensoriels les plus variés. Ainsi, les sensations auditives qui prédominent sur toutes les autres font appel à une sensibilité basée sur l'image intérieure de la musique autant que sur l'écoute de celle-ci. L'écoute n'est pas seulement une fonction localisée dans l'oreille, elle est une disponibilité du corps tout entier. Les sensations auditives surgissent de ces fines perceptions vibratoires transmises entre autres par la résonance osseuse, sensibles également au niveau de la peau ; c'est par leur intermédiaire que la matière sonore s'affine et se colore. Les sensations sonores bénéficient d'un privilège dû à la nature même de la musique : c'est à elles que l'on se réfère constamment, réajustant l'ensemble des sensations en fonction de ce que l'on perçoit auditivement. Lorsque la sensation sonore est juste, il y a "résonance", mise en vibration du corps, donc plaisir. La résonance est un maître, un vérificateur. Toutes les autres sensations intervenant dans le jeu lui sont reliées.

Parmi les principales, la sensation de *"soi-même"*, qui est peut-être la plus personnelle de ces expériences intimes, nous fait éprouver l'axe vertical, la mobilité dans l'espace, l'équilibre des forces contraires, la centration dans le "hara" dont nous préciserons plus loin l'importance.

Les sensations de *contact* naissent d'une conscience aiguë de notre appartenance au sol, de la qualité de présence de nos doigts sur la touche et sur le violon, ou bien sur la baguette. Nous verrons que c'est grâce à ces sensations que nous pouvons personnaliser le vibrato, ou rendre plus éloquente notre diction.

D'autres sensations interviennent plus tard dans le jeu lui-même ; elles sont le fruit d'une réalisation déjà très aboutie : geste exact, impression de "jouer sur soi", sensation de "lâcher prise" et de "laisser-faire" liées à l'extrême vigilance de la perception et de l'écoute, sensation de l'émotion distanciée d'un plaisir qui nous pousse aux limites de nous-mêmes... Paradoxalement, il est parfois difficile pour celui qui devient sensible à une ou plusieurs sensations instantanées de vivre l'instant présent. Dans le désir de prolonger à tout prix ce précieux moment vécu, l'élève qui vient juste de découvrir un monde inconnu cherche trop souvent à isoler cette sensation, à la couper de l'ensemble du jeu et à se fixer sur elle pour ne pas la perdre. De même, il est parfois dur de créer la disponibilité qui permet de retrouver le chemin d'une sensation dont on a perdu la trace, et j'ai même vu des élèves qui, pour y parvenir, me demandaient de revenir dans la pièce où cette sensation avait été vécue pour la première fois...

Face aux doutes et aux tergiversations qui peuvent compliquer les débuts de ce travail par la sensation et ébranler la confiance, le meilleur antidote est de prendre exemple sur l'enfant, qui, engagé de tout son être dans l'action, ne connaît ni nos nostalgiques retours en arrière ni nos angoisses du futur. C'est l'immersion dans cet "ici et maintenant" et la façon dont on vit intensément la minute présente, qui permet de réaliser le vrai progrès. La réalisation est faite d'une succession d'instants pleinement vécus et non de tous les raisonnements qui empoisonnent l'action. Seul l'instant réunit dans la sensation consciente toutes nos fonctions : pensée, sentiment, énergie psychique et motrice. C'est la qualité de notre présence dans l'instant qui permet d'établir et de conserver en nous, sans s'évader du moment présent, une mentalité favorable à la sensation-instant.

Mais il faut également conserver *dans la continuité* l'acuité de nos perceptions, sans laquelle aucune nouvelle sensation ne peut naître. Notre vigilance est facilement endormie et des diversions parfois bien séduisantes risquent de nous faire perdre un réel contact avec nous-mêmes. Une fois passée la séduction de la nouveauté, il nous faut exercer une capacité d'approfondir, de redécouvrir le goût d'un geste ou d'une démarche, qui, ayant déjà été vécus, le seront peut-être encore des centaines de fois. Notre pouvoir immédiat sur le corps est de courte durée, mais devient irrésistible si nous savons persévérer dans une direction constante. C'est seulement en demeurant accordé à l'action avec ferveur et avec une charge de conscience suffisante que l'on peut conserver au plus insignifiant des gestes sa saveur et sa signification.

Celui qui parvient à *vivre* des sensations doit savoir les retrouver et les solliciter à tout moment, les connecter librement aux images mentales correspondantes. A la simple évocation d'une image mentale issue du "stock" qui s'est constitué surgira alors la sensation qui lui est reliée, à la manière d'un réflexe : il faut réussir à créer les circuits où chaque image mentale appelle une ou plusieurs sensations, de façon immédiate. Les sensations peuvent désormais se combiner, s'affiner, et former des synthèses de plus en plus complexes donnant naissance à une sensation plus globale, concernant le corps tout entier dans toutes ses facultés. Par là, les sensations premières seront à leur tour affinées, enrichies, dans un processus sans fin. C'est en fonction du paysage intérieur constamment mouvant et de l'évolution des buts de chacun que sont réévaluées les images mentales et les sensations permettant désormais de réels progrès.

La sensation permet de faire ressentir un bien-être qui libère de nouvelles possibilités de jeu : conduire son archet dans les figures les plus complexes n'est plus un problème lorsqu'ont été vécues pleinement ces sensations où la baguette prolonge le bras, où talon et pointe ne présentent pas plus de difficultés l'un que l'autre, où la crispation des doigts et du poignet disparaît, où le dos et l'épaule participent activement au jeu... Le fruit du travail basé sur la sensation, c'est-à-dire l'acte créateur qu'est l'interprétation n'est alors pas essentiellement différent de la période de préparation : à l'écoute de notre sensibilité intérieure, nous faisons inconsciemment appel à ces associations qui constituaient le fondement de notre travail.

Ainsi le violoniste peut dépasser la dichotomie musique/mécanique dans laquelle, nous l'avons signalé, il vit si souvent. Aux messages de sa sensibilité auditive, il répond par le juste réflexe et par la sensation exacte. C'est en étant réellement filtré par le corps, vécu dans des sensations qui font vibrer notre corde intérieure que le discours du violoniste est convaincant : il devient impossible, lorsque la sensation est la base de toute "technique", de jouer dans le vide, c'est-à-dire *mécaniquement*. Quoi qu'il arrive nous éprouvons toujours la nécessité de placer mentalement notre geste en localisant notre attention sur des sensations éparses. Nous ressaisissons d'abord la sensation juste à partir de l'image et de l'idée mentale créées par notre sensibilité musicale, et ensuite nous exécutons dans la réalité extérieure le message qui était *déjà* en nous. C'est pourquoi, par exemple, l'attitude d'un violoniste s'accordant est si révélatrice. S'accorder n'est pas un acte extérieur au jeu : il est un préalable pour lequel certaines sensations doivent déjà être en place.

En fondant chacune de nos intentions musicales sur la sensation qui lui correspond, en jouant dans une osmose continuelle du corps et de l'esprit, nous libérons l'activité créatrice qui est en chacun de nous et qui, dès lors, ne peut plus être occultée par la technique mécanisée. Grâce à ce travail conscient qui permet le rétablissement de notre unité intérieure, le violon peut devenir le moyen d'expression de notre être tout entier.

Mais auparavant, essayons d'utiliser la sensation vécue dans la recherche du geste juste, qui est le pilier de notre technique instrumentale.

La dialectique du geste

Envisagé sous son aspect dynamique, l'art du violon ou de tout autre instrument peut s'identifier à l'art du mouvement efficace. Le geste du musicien comme celui du danseur, du mime, mais aussi comme celui du peintre ou du sculpteur est l'écriture qui permet de traduire le discours musical. Le geste instrumental est en quelque sorte l'éloquence même du musicien. Il dessine le langage, crée un dynamisme, libère une énergie. Par son intervention, lorsqu'il est bien ajusté à son projet, prend forme l'expression, qui demeure lettre morte lorsqu'elle est trahie par un mouvement inadéquat. Un geste est rarement raté à cause de sa difficulté, mais plutôt parce que nous n'avons pas assimilé la sensation qui lui correspond, parce qu'il n'est pas adapté à la réalité de l'instrument. Qu'elles se manifestent à propos de la justesse, de la sonorité ou de la souplesse, nos maladresses sont le plus souvent dues à notre méconnaissance du mouvement juste, à notre impatience ou encore à notre mauvais équilibre corporel. Il suffit parfois de négliger un détail en apparence anodin, pour que le geste recherché nous échappe, ce qui n'est pas sans retentissement sur la qualité de la musique. Une infime erreur suffit à provoquer la chute du trapéziste...

Le geste "réussi", qui s'impose comme "évident" au point de faire oublier qu'il a parfois été long à réaliser parfaitement, doit donc combiner trois critères. Il lui faut tout d'abord répondre à l'intention musicale qui le guidait, ce qui implique que l'ordre donné l'ait été avec suffisamment de précision. D'autre part, il doit être en parfaite conformité avec la physiologie du violoniste, faisant jouer les organes adéquats : l'apprentissage du geste consiste à libérer un fonctionnement naturel et non à imposer du dehors un mouvement ou une attitude, si séduisante soit-elle. Une telle recherche ne peut donc être fondée que sur un total respect du corps. Enfin, le geste doit toujours viser à réaliser une économie des moyens, c'est-à-dire à mettre en jeu le moins d'éléments possible pour obtenir un résultat donné. Le geste juste est donc ponctuel, il ne peut céder aux automatismes et aux précipitations qui parasitent l'action. Pour chaque proposition musicale, il existe *un geste juste* qui répond de façon harmonieuse à toutes ces exigences. Celui qui maîtrise chacun de ses gestes, conscient de l'espace dans lequel ils s'inscrivent et de la stabilité des points d'appui qui leur confèrent la précision souhaitée, celui-là pourra jouer dans la facilité, l'aisance et ne trahira pas ses intentions.

Aussi l'apprentissage du mouvement fonctionnel est-il important pour ceux qui désirent définitivement éliminer leur insécurité et maîtriser leurs moyens d'action. Face à un geste, deux approches sont possibles : la première, analytique, est une décomposition du mouvement, une concentration sur son mécanisme même. La seconde, plus spontanée, résulte de notre relation avec l'objet. Elle est une adaptation rapide à l'action - que les enfants pratiquent à merveille - basée sur une compréhension intuitive du but à atteindre. Cette représentation immédiate est celle qui permet la virtuosité, c'est-à-dire l'enchaînement rapide et fluide des mouvements les plus variés où la pensée ne peut plus conserver la maîtrise des événements. Cependant, pour rétablir un geste juste, pour acquérir une nouvelle "praxie", le musicien adulte ne peut faire l'économie de l'approche analytique qui décompose le mouvement. Ce que nous avons vu à propos de la sensation s'applique pleinement au geste, qui doit être analysé, visualisé, puis ressenti et "vécu".

La réalisation proprement dite n'est alors plus "pensée", elle est matérialisation de ce qui a été *imaginé* et *anticipé*. Tout comme un joueur de tennis essaie de prévoir les coups de l'adversaire et de se placer en fonction de l'événement, le violoniste doit anticiper sur ce qui vient tout en continuant à jouer, qu'il s'agisse de déchiffrer ou de rejouer pour la centième fois. Il s'agit d'une véritable "science de l'anticipation" qui permet à l'interprète de se libérer de la conscience des mouvements, faute de quoi il ressemblerait à l'image classique d'un mille-pattes ne sachant plus quelle patte il doit avancer la première. L'attention consciente ainsi libérée, le violoniste peut répondre à la question "quoi faire?" plutôt que de s'inquiéter de « comment vais-je le faire? » Le problème n'est plus, par exemple, « comment vais-je faire fonctionner mon poignet pour réussir le sautillé dans les changements de corde? » mais « quelle sorte de rebondissement traduira le mieux la gaieté qui émane de ce passage? »

Lorsque chaque geste a été examiné lucidement, il se crée une action globale qui intègre chaque petit mouvement juste, et dont se dégage une impression de facilité et d'évidence. Ce qui est vrai pour l'équilibre l'est également pour le mouvement : un geste n'a pas d'existence séparée d'un tout et l'indépendance des différentes parties de notre corps est due à leur solidarité. L'évocation d'une liaison possible entre les mouvements ou entre les parties du bras, par exemple, fait souvent ressortir chez les professeurs leur obsession très légitime de la "raideur" : « ton poignet est raide, assouplis-le, ne t'occupe donc pas de ton bras, laisse-le tranquille » est l'erreur type née d'une méconnaissance de l'unité du mouvement. (J'ouvre à ce propos une parenthèse utile : le poignet n'est raide que si l'on serre la baguette ou si la main n'est pas dans l'axe du bras. Il est parfaitement souple par lui-même. Il suffit de savoir l'utiliser). Si donc, au cours de cette réflexion, je suis appelée à analyser isolément des gestes selon qu'ils concernent le côté droit du corps, concrétisé par l'archet, ou le côté gauche, responsable des placements et déplacements des doigts sur la touche, il ne faut jamais perdre de vue que chaque geste met en jeu la totalité du corps, dans son aspect statique aussi bien que dynamique. Il n'est pas de déplacement, même minime, qui soit provoqué par une seule articulation, sans entraîner l'action des muscles plus puissants qui la soutiennent et lui donnent une liberté d'action. De même, le phénomène de syncinésie nous prouve que toute action musculaire concernant un côté du corps a des répercussions identiques sur son homologue du côté opposé, ce qui renforce d'ailleurs l'idée d'une *symétrie fondamentale* du corps, que j'ai développée plus haut. La solidarité des mouvements est également due à l'origine commune de l'énergie qui les nourrit tous sous des formes diverses.

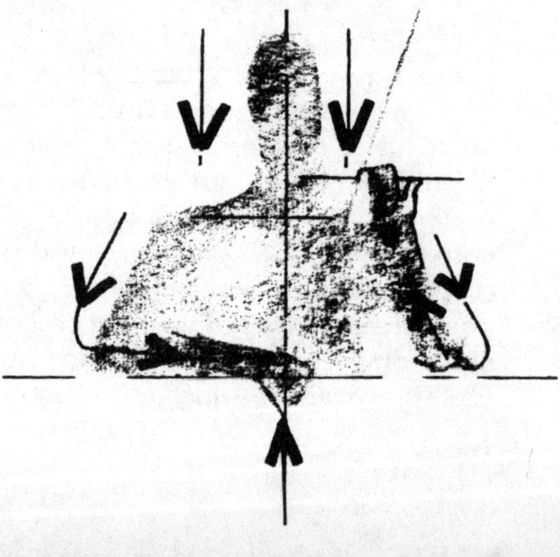

En effet, nous devons prendre conscience d'une réalité très éclairante, à savoir que toute notre force est concentrée en un point, un foyer irradiant : c'est de notre centre de gravité, situé au niveau de la troisième vertèbre lombaire, région que les orientaux nomment le "hara", que surgit toute notre énergie. La recherche des gestes justes correspond à la recherche des meilleurs courants d'énergie partant de ce lieu, susceptibles de fournir au bout des doigts la sensibilité et la force dont ils ont besoin. Nous aurons l'occasion d'en reparler (1)...

Mais le mouvement n'est jamais unilatéral, dirigé uniquement vers l'extérieur. Tout geste réalise la combinaison de deux forces contraires, d'une *expansion* et d'une *résistance à l'expansion,* assurée par deux groupes de muscles différents. L'équilibre général de notre corps est basé sur l'association de ces deux dynamismes dont la combinaison assure l'harmonie parfaite des mouvements. A chaque force issue de notre centre et dirigée vers l'extérieur, correspond une force opposée, qui nous ramène en nous et évite la dispersion de l'énergie. Lorsque l'équilibre des forces centripètes et centrifuges est réalisé, c'est-à-dire lorsque le mouvement, loin de perturber l'équilibre statique, s'intègre à un équilibre désormais dynamique, alors les gestes peuvent être efficaces et authentiques. Les bras, qui sont l'expression même de ce circuit d'énergie dirigé vers l'extrémité des doigts, fonctionnent exactement sur ce modèle d'équilibre de forces opposées, de dynamismes contraires. Ils sont l'un avec l'autre en relation constante.

L'enseignement du violon a trop longtemps négligé le rôle des bras dans les gestes instrumentaux. Pourtant, éliminer le bras c'est couper involontairement mais sûrement

---

1. Voir chapitre "Concentration".

la transmission d'énergie, faire de la main et de l'avant-bras un segment "isolé", ce qu'ils ne sont pas. Dans les mouvements nécessaires au violon, à l'alto ou au violoncelle, les bras, qui sont toujours les initiateurs de mouvement, jouent le rôle de courroie de transmission, reliant les mains au corps et leur apportant l'énergie nécessaire. A gauche comme à droite, c'est le bras entier qui doit intervenir dans l'action, soutenu par un dos ferme qui joue le rôle de point d'appui, articulé souplement autour d'une épaule basse, d'un coude qui transmet l'énergie par sa face externe, et d'un poignet qui le prolonge jusqu'aux doigts. Il est indispensable que les muscles de soutien - en particulier ceux du dos - jouent leur rôle, libérant ainsi les extrémités de toute surcharge, leur donnant l'indépendance et la légèreté nécessaires et conférant au bras une souplesse jusqu'alors inconnue. Les physiologistes ne s'accordent pas encore au sujet des priorités respectives du bras et de la main dans les mouvements qui les concernent également. Quoi qu'il en soit, que l'impulsion soit transmise du bras à la main ou de la main au bras, il faut surtout garder à l'esprit qu'en toutes circonstances c'est le bras qui *porte* toujours la main vers son but, tandis qu'elle-même *trace* tous les mouvements, du plus ample au plus ténu.

Le côté gauche de notre corps, étant celui où repose le violon, a par nature un caractère statique. Cependant, le mouvement n'en est pas absent, au contraire : qu'il s'agisse du placement des doigts, du vibrato, des démanchés ou des mouvements latéraux des doigts sur les quatre cordes, le côté gauche n'est jamais passif. Pour envisager les gestes qui le concernent, il convient, bien entendu, nous ne le dirons jamais assez, de ne pas perdre de vue la nécessité d'un bon placement corporel général, et d'une sustentation des bras appropriée. Celle-ci est rarement satisfaisante du côté gauche, souvent affaissé par l'habitude néfaste de se

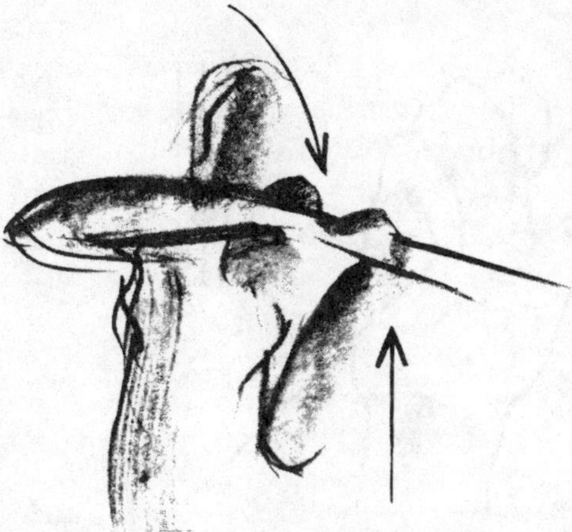

pencher vers le violon en rentrant le coude. Il faut donc veiller à tonifier le côté gauche, à le redresser pour qu'il *transmette* bien la force venue du dos par l'intermédiaire des bras, jusqu'au bout des doigts. Sans bras, il n'est pas de mouvement efficace, puisque pas d'énergie active. De plus, les possibilités d'expression sont décuplées quand le bras gauche exerce de bas en haut un juste "contrepoids" au poids du bras droit. Nous avons également déjà parlé du placement de la main qui "soutient" le violon. Nous n'y reviendrons donc pas. Mais il est d'autres exigences propres aux mouvements, placements et déplacements, qui imposent à la main de respecter certaines règles.

Avant d'aborder les déplacements proprement dits de la main le long du manche, précisons bien que celle-ci doit conserver la même forme dans tous ses *placements* à la position, forme que nous avons analysée à propos de la tenue du violon. Si le placement de la main est bon, les doigts ont toute liberté de mouvement. Les phalangettes ne sont jamais cassées à angle droit, et leur flexibilité se prête au contraire à l'expression du vibrato comme à la réalisation des petits mouvements chromatiques.

Quand les doigts maintiennent une bonne orientation sur le manche, la main ne cherche plus à bouger inutile-

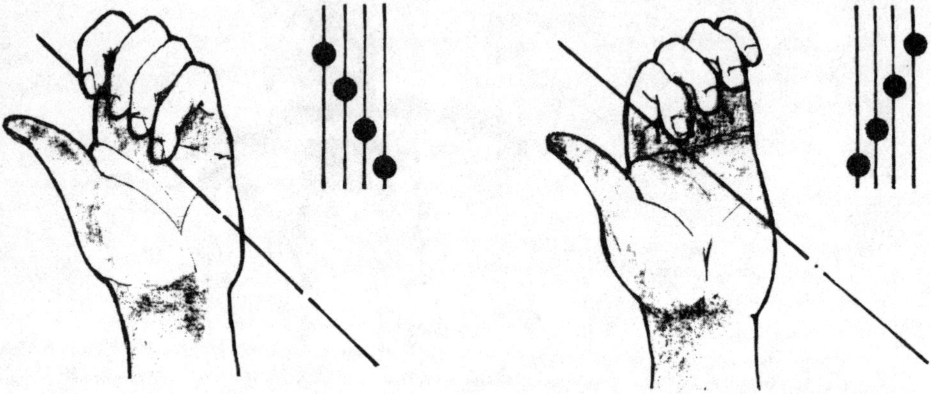

ment : la plupart des intervalles sont composés par le jeu des doigts seuls. Lorsque certains se révèlent trop difficiles à réaliser, en raison d'un écartement exceptionnel, il faut alors ouvrir la main au maximum en étirant la paume, et non pas tirer sur les doigts, en particulier sur le quatrième qui ne gagnera jamais un centimètre tant qu'on le considérera seul, comme un segment isolé. Par contre, si la main reste bien ouverte, comme pour recevoir une balle, et que le quatrième doigt est bien repris dans l'ensemble de la musculature externe du métacarpe, il bénéficiera alors d'une force et d'un poids considérables. Pas plus que dans la formation des intervalles sur une seule corde, le placement des doigts sur des cordes différentes ne doit amener à modifier l'équilibre de la main. Ainsi, pour passer d'un accord de quatre sons où l'index se trouve sur la corde de sol, à un autre accord de quatre sons commençant cette fois par le quatrième doigt, il importe de garder la paume bien ouverte et non pas d'agiter les doigts isolés ce qui aboutirait à un déséquilibre complet de la main et de tout le côté gauche : dès que le coude est trop rentré ou trop sorti, dès que le poignet est bombé vers l'arrière ou creusé au dedans, on est contraint de se livrer à des compensations qui compromettent l'aisance et la justesse et se répercutent même sur l'équilibre général. Ce qui est valable pour un accord de quatre sons l'est évidemment pour toutes les doubles cordes, tierces, quartes, sixtes, octaves. Seules les quintes demandent pour être justes un léger déplacement du coude vers la gauche afin que le doigt adhère bien à la touche et ne risque pas, surtout s'il est mince, de glisser entre les cordes. La stabilité du côté gauche doit néanmoins rester constante.

C'est l'angulation correcte de la main par rapport au manche qui permet - même aux petites mains - de réaliser presque toutes les combinaisons de la main gauche. Pour que la main soit suffisamment éloignée du manche, sans toutefois perdre le contact de la base de l'index, il est avant tout nécessaire que le pouce assure, tout en restant décontracté, le rôle de *support* qui est le sien : sans quoi, la main s'affaisse ou s'écrase sur le manche, ce qui interdit tout mouvement précis des doigts et, a fortiori, tout déplacement efficace de la main. Nous avons déjà parlé du pouce en laissant entendre que sa participation à la tenue du violon ne devait jamais entrer en contradiction avec son rôle dans les démanchés ou même dans les simples mouvements des doigts. En exerçant une fonction de *contrepression* verticale équilibrant le poids des doigts, le pouce, loin de serrer le manche et de devenir élément d'inertie, favorise au

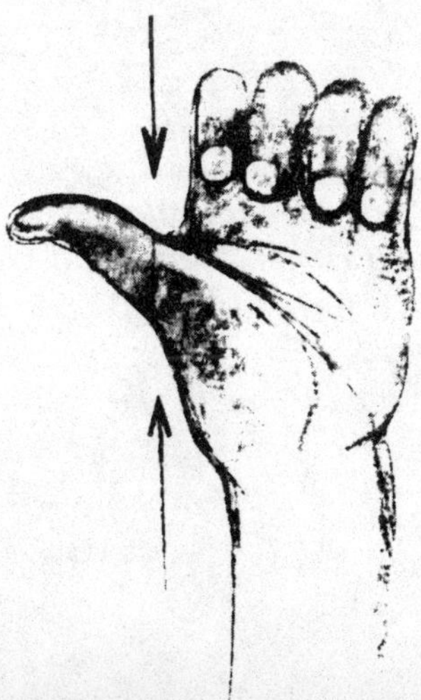

contraire la liberté et la légèreté des doigts : il est, ne l'oublions pas, la deuxième force de l'équilibre. Bien placé, constamment en extension, il forme avec la base de l'index et le bout des doigts un anneau parfaitement stable, qui évolue le long du manche. Si le violoniste cultivait la sensation de *jouer sur son pouce,* comme s'il le sentait à travers le manche, le pouce agirait de la même façon à n'importe quel endroit du manche et sa main ne se déformerait jamais.

Mais l'autre facteur essentiel d'une bonne angulation de la main par rapport au manche, dont nous avons dit l'importance, est la position de l'index. En effet, si le pouce soutient la main et lui permet d'être haute sur le manche, l'index, lui, décide de cette hauteur. Leader incontesté des autres doigts - il est le seul à posséder une double musculature - il joue le rôle de "colonne vertébrale" de la main. Si sa première phalange est bien en extension, dans l'axe de l'avant-bras, alors il pourra se poser facilement sur les quatre cordes et devenir le curseur de la main gauche, son point d'appui essentiel : c'est lui qui assure la stabilité de la forme de la main, lorsqu'il n'intervient pas directement dans le jeu. Et sa fermeté, nécessaire au placement de la main, l'est aussi au mécanisme des doigts.

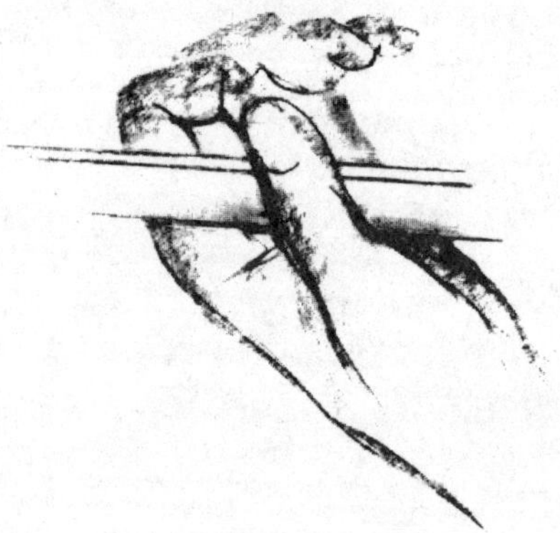

En effet, le mouvement des doigts ne consiste pas, malgré ce que l'on en dit, à frapper ponctuellement la corde comme de petits marteaux insensibles. Au contraire, les doigts tombent sur la corde par l'effet de leur seul poids, puisqu'il sont tous élevés à une certaine hauteur par l'index, qui est leur point de repère. De plus, l'énergie des doigts n'est pas localisée, elle est issue du corps tout entier. En l'absence de points d'appui, les doigts bougent dans un désordre et une désynchronisation tels que la justesse et la netteté de leurs mouvements ne peuvent être que hasardeuses. Comme je le soulignais à propos du geste en général, solidarité et indépendance ne sont pas contradictoires. C'est parce que les doigts sont pris dans un tout, parce qu'ils sont liés au métacarpe et unis par l'index qui les guide qu'ils peuvent être indépendants. "L'indépendance des doigts" dont on parle tant est un leurre et un danger si la main n'est pas placée, si l'index s'effondre et si les quatre doigts ne forment pas une "union sacrée" par opposition au pouce.

Il n'existe pas de dogme ni de solution stéréotypée à propos du mécanisme de percussion des doigts. Mais outre le temps de latence engendré par une élévation exagérée, la violence de la percussion provoque souvent une sorte de rebondissement qui absorbe une partie de l'énergie de lancement. En fait, le mécanisme digital doit pouvoir s'adapter à l'intention musicale : tantôt le toucher sera "ventousé" et pénétrant, les doigts ramperont près de la touche, tantôt ils suivront la ligne mélodique et formeront avant de se poser des "ponts" qui respecteront le sentiment donné par l'intervalle. Tantôt ils resteront posés pour conserver des notes pivots, tantôt ils auront la légèreté nécessaire à la réalisation des trilles et chapelets de notes désirés. Mais, dans les passages rapides, il est certain que l'idée de frapper la corde avec force est inadaptée : le jeu se trouvera au contraire ralenti, et le doigt tétanisé... Il faut à l'inverse faire appel aux extenseurs et non aux fléchisseurs, et penser à lever les doigts afin de les faire retomber sous l'action de leur seul poids, plutôt que songer à les enfoncer dans la touche. Dans tous les cas, il est utile de préciser que les doigts doivent être placés *avant* de jouer pour que la synchronisation du jeu soit parfaitement obtenue. La synchronisation, contrairement à ce que beaucoup imaginent, ne signifie pas simultanéité absolue mais juste ordonnance dans le temps. En ce qui concerne le jeu des instruments à cordes, une charge musicale totale doit descendre dans le bout des doigts qui se posent sur la corde avant d'être cueillis et révélés par l'archet. Même dans l'extrême virtuosité, un détecteur électronique prouverait sans doute que la perfection réside dans le fait que la pensée descend dans les doigts de la main gauche avant que le côté droit la réalise. C'est lorsqu'il y a décalage par insuffisante prévision à gauche que la désynchronisation s'établit et avec elle la panne de mémoire qui en est fréquemment la conséquence.

Lorsque les mouvements exécutés dans une même position sont bien assimilés par le violoniste, il peut examiner utilement les déplacements de la main le long du manche, ces fameux "démanchés" qui inquiètent tant de musiciens. On pourrait croire que l'appréhension des interprètes à leur égard suffit à créer la difficulté. En fait, celle-ci n'existe pas en soi, mais résulte directement du déséquilibre postural qui a sur le fonctionnement même du démanché des répercussions particulièrement fâcheuses. Quand l'équilibre est rétabli et respecté, n'importe quel démanché peut devenir instantanément aisé, sans "problème", à condition que son mécanisme soit bien assimilé.

Il convient tout d'abord de comprendre que, si les violons ont tous, à quelques centimètres près, la même taille, les mains et les bras des musiciens varient, eux, de façon parfois spectaculaire. Aussi, il n'y a pas de geste standard qui pourrait s'appliquer à tout le monde. Combien de fois ai-je vu des violonistes nantis de mains immenses prendre un élan démesuré pour effectuer un démanché modeste pour lequel un simple glissement de doigt aurait suffit. Tel violoniste n'aura qu'à replier l'avant-bras et faire pivoter légèrement la main pour atteindre l'extrême aigu du violon, tandis qu'un autre devra suppléer à la petite taille de sa main et en quelque sorte l'agrandir, en faisant appel au soutien de son bras, pour obtenir le même résultat. Cependant, toutes les morphologies ont leurs avantages et leurs inconvénients, à l'exception de quelques très rares cas spécialement ingrats : ce qui compte, c'est la disponibilité du corps et de l'esprit, et la persévérance dans le travail qui est commune à tous... Avant d'entamer le moindre exercice pratique de changements de position, il convient surtout de vérifier activement le tonus général qui le conditionne intégralement. Quelle que soit l'amplitude du démanché, le point d'appui du dos doit rester solide et les épaules, pas plus que le corps, ne doivent avancer ; faute de quoi, la précision du geste et l'unité du bras sont gravement compromises.

La réussite d'un démanché tient essentiellement à deux facteurs, à savoir le bras et le pouce. En effet, il est nécessaire d'utiliser le bras tout entier, allant du dos jusqu'à la main en passant par le coude. C'est la présence active et constante du bras, relais de la force, qui donne au démanché la rondeur et la souplesse, mais également la précision requises. Un coude qui pend sans contrepartie, ou un bras absent de la représentation corporelle, sont autant de facteurs qui empêchent la réalisation harmonieuse d'un démanché, quel que soit le nombre d'heures de travail passées sur les changements de position. Pour rendre véritablement actif l'ensemble du bras, il faut, outre le soutien du dos, accentuer le rôle des antagonistes, c'est-à-dire du triceps lorsque le bras se déplace vers l'aigu, du biceps lorsqu'il se dirige vers le grave. Ainsi, le coude se déplace fort peu, et le bras reste actif en permanence.

L'autre élément essentiel à la réussite du démanché est le bon usage du pouce. Encore plus que les blocages du bras, ce sont sans doute les crispations du pouce qui sont à l'origine des difficultés de démanché qu'éprouvent bien des violonistes ou altistes. Le violoncelliste, n'ayant pas à soutenir son instrument à l'aide du pouce, connaît moins le problème de pouce qui gêne les démanchés et provoque des sauts brusques. Le pouce placé et relié, jouant pleinement son rôle tel que nous l'avons déjà décrit, conditionne tout l'équilibre du côté gauche ainsi que la qualité du vibrato. De plus, il favorise le choix de bons doigtés et rend possible des audaces qui servent la musique. Lorsque le pouce constitue un axe de rotation stable et ferme, on peut sans difficulté étirer la main d'un côté ou de l'autre et mettre la main sur deux positions à la fois : paradoxalement, le pouce ne se contente pas de faciliter les démanchés, il permet également dans certains cas de les supprimer.

Il me semble difficile de parler des déplacements de la main sur le manche sans aborder un point dont l'évidence recouvre, en fait, tout un état d'esprit. En effet, nous avons coutume de parler de "bas" et de "haut" de la touche, comme si le bas était une région sécurisante d'où l'on s'élancerait pour faire quelques incursions inquiétantes vers les cimes de l'instrument, ne pensant plus qu'à "redescendre" vers le sol ferme... Si nous considérions la touche comme un clavier, il n'y aurait plus ni haut ni bas mais une surface horizontale ; et, si nous voulions malgré tout établir une distinction, il faudrait alors, pour rétablir l'équilibre, se donner physiquement l'impression de descendre lorsque l'on atteint les positions aiguës et vice-versa, comme peuvent le ressentir les violoncellistes. Peut-être pourrait-on ainsi éviter l'inévitable secousse de tant de violonistes se laissant "tomber" en première position, comme s'il étaient heureux de retrouver une ancienne connaissance. En transformant la sensation fallacieuse du haut et du bas de la touche, les mouvements dans un sens ou dans l'autre deviendraient alors *circulaires* et *continus,* effectués par un bras solide toujours équilibré par l'action consciente des antagonistes, animé d'un élan qui pourrait presque dépasser les limites de l'instrument. Surtout lorsque plusieurs démanchés s'effectuent successivement dans un temps très court, le bras pourrait rester désormais au centre du mouvement sans avoir ni l'impression de lâcher le manche en effectuant un va-et-vient inutile, ni de quitter constamment la position la plus basse pour s'élancer en haut du manche. Sur tous les instruments à corde, et plus particulièrement au violoncelle où les distances sont très longues, il est précieux d'économiser le plus d'énergie possible grâce aux antagonistes, d'envisager dans ce but une position médiane comme le centre physique du démanché afin de raccourcir les trajets entre le grave et l'aigu.

L'état d'esprit habituel qui consiste à considérer le démanché vers l'aigu comme la difficulté à résoudre - puisque l'on s'éloigne de la position naturelle - amène bien souvent des instrumentistes à oublier qu'un mouvement "aller" est généralement suivi d'un mouvement "retour". Lorsque l'on néglige ainsi d'imaginer le parcours des démanchés vers le grave, la main reste accrochée dans l'aigu, le pouce se déforme, ne reste pas en extension, et ne peut reprendre à temps sa place sous le manche. Alors que le rapport index-pouce reste le même dans les cinq premières positions (mais encore une fois, la taille de la main est un élément de variance), la supination de l'avant-bras s'accentue légèrement par la suite, pour permettre au pouce de s'orienter le long de l'éclisse tout en gardant le contact avec le manche. Le pouce exerce alors une légère pression qui renforce le contact intime du violon avec le corps, engendrant ainsi une force d'opposition qui donne beaucoup de précision et de facilité à tous les déplacements dans l'aigu du violon.

A l'image de tous les placements du corps ou des mains, ainsi que des mouvements de l'archet que nous allons examiner, les déplacements de la main et du bras gauche ne sont évidemment que des gestes extérieurs aléatoires s'ils ne correspondent pas à des sensations précises : *le geste doit être vécu de l'intérieur* pour pouvoir être prévu et devenir un réflexe infaillible. Aussi, il est important de souligner qu'un démanché (ou une extension d'un doigt) ne sera jamais juste avec certitude s'il n'est réalisé *avant* l'action, s'il n'est entendu *avant* d'être joué, supprimant ainsi le doute et l'anxiété du violoniste. Un succès hasardeux n'est pas un succès, et les mouvements de la main gauche sont trop déterminants dans l'économie générale du jeu pour être laissés au hasard.

*

Si le côté gauche représente l'aspect "intégré" du travail instrumental, le lieu où les notes, attendant d'être sollicitées par la baguette, rentrent en action de façon relativement automatisée, l'archet, lui, est toujours l'expression immédiate d'une décision consciente. Il est le reflet instantané de notre état intérieur, comme le pinceau exprime les visions picturales qui habitent le peintre. Lieu de notre éloquence, notre côté droit est donc plus vulnérable aux émotions que nous pouvons ressentir. Si nous sommes très fatigués, ce sera plutôt notre archet qui pâtira le premier de cet état, sous la forme par exemple de ces trop célèbres flottements, tandis que la main gauche, elle, restera sûre et solide.

Ayant déjà abordé la tenue de l'archet, je voudrais parler ici de sa "conduite" - mot que j'emploie intentionnellement à la place de l'habituelle "technique", voulant montrer par là que cette conduite est celle même de la musique, traduite dans la baguette. Traditionnellement, l'enseignement du violon s'intéresse plus au côté gauche qu'à la conduite de l'archet, répondant sans doute à un ordre d'urgence qui veut que l'attention du professeur se porte d'abord sur la main gauche qui forme les notes. Il est bien regrettable que l'on ne s'attache pas, par la suite, à examiner les bases, les principes premiers du maniement de la baguette qui fait la spécificité des instruments à corde. Combien de violonistes s'essayent péniblement, parfois toute leur vie, à de savants coups d'archet sans même connaître les bases des gestes qui concernent le côté droit... Les grands interprètes connaissent bien la nécessité de rendre toujours plus subtile leur baguette, améliorant sans cesse leurs gestes afin de traduire leurs intentions musicales avec toujours plus d'exactitude. Une connaissance et une maîtrise de la conduite de l'archet procurent au musicien une sécurité intérieure qui le met à l'abri des doutes et des craintes, lui permettant de prendre des risques, d'"oser" la musique sans réserve. J'attache donc une très grande importance à la considération des gestes du bras droit, à ce réveil de fonctions souvent endormies qui se révèlent d'une richesse et d'une efficacité souvent inattendues.

La conduite de l'archet repose avant tout sur un mouvement, toujours le même, auquel il ne faut jamais cesser de revenir : la conduite linéaire, c'est-à-dire ce geste que les débutants réalisent sur les cordes à vide, entraînant la baguette dans un simple va-et-vient afin de produire un son égal et pur. Dans la réalité, peu de violonistes "conduisent" vraiment leur archet de la pointe au talon, sans dériver ou sans écourter involontairement sa trajectoire, privant ainsi leur discours de sa continuité. Cette opération en apparence rudimentaire, de tirer jusqu'à la pointe pour revenir au talon par un geste qui s'exerce dans le même sillon imaginaire, demande en réalité d'être profondément assimilée dans la sensation. Elle est *à la base de tous les coups d'archet,* quelles que soient les vitesses ou les nuances requises, et bien des élèves sont étonnés de pouvoir résoudre des problèmes acrobatiques en revenant avant tout à ce mouvement simple. Et pourtant, c'est bien de cela qu'il s'agit, de toujours revenir à ce premier geste instrumental et de s'assurer de notre sécurité à son égard. Dans quelque coup d'archet que ce soit, il ne faut jamais oublier qu'à chaque note entendue correspond une portion de baguette mue dans un sens ou l'autre, sur une longueur plus ou moins importante, mais toujours selon les principes de cette conduite linéaire.

Pour assimiler profondément ce geste, je conseille parfois à mes élèves de songer au geste qu'ils effectueraient s'ils devaient faire du repassage sur une planche située là où s'effectue la trajectoire de notre baguette. Cette image, que certains jugeront peut-être trop prosaïque, montre de façon très claire le rôle du bras qui est tout entier engagé dans l'action, même lorsque l'avant-bras seul semble en cause. Pour être certain de ne pas mêler d'autres mouvements annexes ou parasites à cette conduite linéaire, il est parfois profitable d'imposer momentanément le silence à toute activité du poignet et des doigts, qui se bornent alors à suivre docilement les impulsions venues du bras. Lorsque cette conduite linéaire semble solidement intégrée, on peut même alors accomplir ce geste avec l'index seul, ou combiné avec l'auriculaire, l'annulaire ou le pouce en guise de tenue d'archet... Si le bras est équilibré, si la paume reste ouverte comme nous l'avons vu à propos de la tenue de la main droite, alors toutes les fantaisies sont permises, sans que la sonorité ou la trajectoire de l'archet en soient altérées.

La décomposition du trajet de l'archet en trois segments permet de voir avec plus de finesse les positions et les gestes correspondant au mouvement linéaire de l'archet. Ce découpage en tiers peut sembler bien arbitraire, et il n'est ni une obligation ni une nécessité. (Le découpage en demi-archet est plus adapté chez les violoncellistes, dont la baguette est plus courte). Soulignons également que la longueur de un tiers n'est pas d'une rigueur absolue ; elle dépend évidemment de la morphologie du violoniste : c'est avant tout la sensation qui doit guider ce découpage, plus encore que la perception visuelle. Mais il est en tout cas très fécond d'apprendre à détailler les gestes et les placements qui correspondent aux divers points du trajet de l'archet. On acquiert ainsi, non seulement une sécurité de ce geste de base, mais également une aisance inconnue et une grande économie de fatigue. Cette géométrie est une sorte de modèle idéal destiné à aider les musiciens qui s'intéressent à leur conduite d'archet.

Lorsque nous posons l'archet à la pointe sur une corde quelconque, en ayant respecté la règle d'or de notre architecture posturale, nous constatons que le complexe "bras/avant-bras/baguette/ligne des épaules" forme une figure géométrique que nous identifions facilement comme étant un trapèze. Le bras et la baguette formant respectivement la petite et la grande base du trapèze doivent alors être rigoureusement parallèles. Si la figure que nous observons dans cette position est loin de ressembler à un tel trapèze, il est alors clair que notre position est défectueuse: qu'il s'agisse de notre maintien, de la tenue du violon, de l'orientation du bras ou de la baguette, il y a en nous un élément à modifier. Le repère géométrique est donc *significatif* et intéressant à ce titre.

Le mouvement nécessaire pour jouer et créer le va-et-vient de l'archet dans ce tiers supérieur concerne exclusivement l'ouverture et la fermeture de l'avant-bras qui, toujours soutenu par le bras tout entier, doit également rencontrer la résistance de celui-ci : ces deux caractéristiques du bras, soutien et résistance au mouvement, sont une règle générale, qui est valable même lorsque l'avant-bras seul est concerné par le mouvement. L'aller-retour de l'archet, dans cette partie supérieure, doit se faire en veillant à respecter parfaitement le *parallélisme du chevalet et de la baguette* jusqu'à l'extrême pointe de celle-ci, mais également en pensant à augmenter tant que nous pouvons la sensation du *poids du bras* jusqu'à la main. En effet, lorsque nous nous trouvons à la pointe de l'archet, nous devons transmettre l'énergie à travers le bras déployé, prolongé par la baguette tout entière, alors qu'au talon le point d'appui du bras sur la baguette et le point de contact des crins avec la corde coïncident presque exactement. Si nous voulons éviter les relâchements dans notre sonorité en arrivant à la pointe, il faut donc être particulièrement tonique, tout en restant décontracté.

Quand nous revenons vers le milieu de la baguette jusqu'à la fin du deuxième tiers, le trapèze se transforme progressivement en un parallélogramme dont les deux bases restent, comme le nom l'indique, rigoureusement parallèles : en effet, l'archet qui était la grande base de notre trapèze s'est raccourci tout en gardant la même direction, tandis que le bras, qui était la petite base n'a toujours pas bougé. Si nous inversons les rôles entre archet et violoniste, nous pouvons dire que c'est la translation de l'archet qui a entraîné avec elle l'avant-bras du violoniste -mais *l'avant-bras seul* grâce à sa pronation. Le bras continue à résister fortement à l'action de l'avant-bras grâce au coude qui demeure tendu vers l'extérieur et contribue à

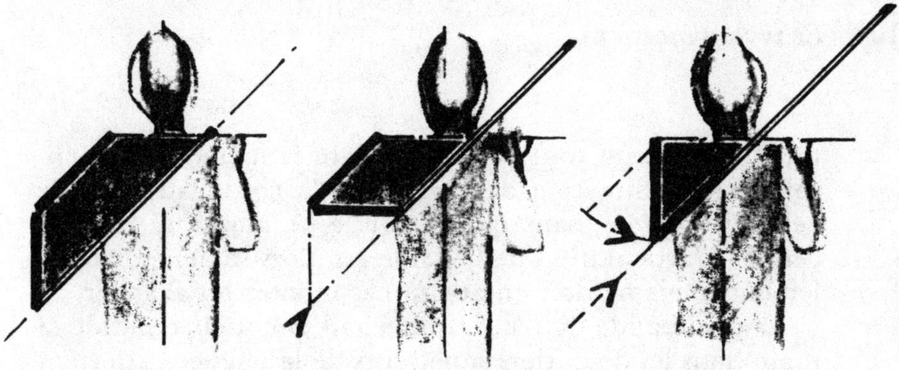

tiers supérieur *tiers du milieu* *tiers inférieur*

maintenir le parallélisme de la baguette, très menacé à la fin du deuxième tiers.

En repoussant encore la baguette jusqu'à son talon, là où la main rejoint pratiquement le niveau de la clavicule gauche, on aboutit à la formation d'une troisième figure géométrique, le triangle. Là encore, si la réalité est très éloignée d'une telle forme, nous voyons clairement qu'il y a dans notre position un élément à changer. Comme dans notre image du repassage, c'est à la *seule action du bras* qu'incombe le rôle de fermer le circuit et de l'ouvrir de nouveau. En effet, le bras qui, dans les deux tiers supérieurs, n'intervenait que comme soutien de l'action de l'avant-bras, devient maintenant un élément moteur, directement responsable du tracé de ce tiers inférieur. Son rôle consiste aussi bien à achever le geste du poussé qu'à faire repartir celui du tiré. Fonction capitale car elle concerne tous les départs au talon, toutes les attaques, ainsi que les fameux retours ou enchaînements d'archets, toujours si délictueux. J'insiste sur le fait que c'est au bras de conduire la baguette dans cette portion d'archet, et non au poignet. Or, bien souvent, ce mouvement qui devrait être linéaire, simple aller et retour de l'archet, est déjà encombré de contorsions du poignet qui, loin de faciliter les mouvements, les gênent considérablement. Le mouvement du bras, dans ce dernier tiers de l'archet, est donc fondamental. Il doit avant tout s'effectuer dans le même plan, délimité par la direction de l'archet et la corde sur laquelle celui-ci est posé, sans que le coude ne monte ni ne descende. L'articulation de l'épaule est alors sollicitée latéralement, mais ne doit en aucun cas monter ou avancer.

La commande du tracé, qui venait essentiellement de la main dans les deux tiers supérieurs de la baguette, devient alors pour le tiers inférieur l'affaire du coude. C'est lui qui assure le relais essentiel de la conduite jusqu'au talon. Sa participation allège et assouplit considérablement la main qui est alors bien "portée" et ne risque plus de s'isoler. La légèreté de la main au talon est encore plus satisfaisante si l'on accentue l'action du contre-poids du bras, en laissant bien retomber celui-ci dans le fond du dos. Lorsque la stabilité du bras est ainsi assurée par l'équilibre du poids et du contrepoids, il est possible d'alléger au maximum la pression des doigts sur la baguette au talon. Les parasites ou les surcharges de sonorité, la difficulté de réaliser un pianissimo sans trembler, toutes ces faiblesses du talon provenant d'un mauvais équilibre de l'archet, sont désormais choses impossibles.

Cette distinction entre trois parties de l'archet, trois mouvements et trois figures géométriques, doit nous amener à percevoir l'unité de la conduite linéaire de l'archet, qui s'effectue toujours dans le même plan, porté par le bras. Notons que rien ne change dans la forme de la main au long de cette trajectoire, sinon que le poids du bras entre la pointe et le talon se déplace légèrement de l'index vers le petit doigt qui équilibre la baguette dans son tiers inférieur. Tous les coups d'archet sont fondés sur cette même structure et se réalisent avec d'infimes modifications de détail...

Pour bien comprendre l'action du bras, il est parfois très intéressant de jouer au-dessus des cordes, sans poser les crins, mais en mimant le geste qui convient. Nous voyons alors que l'unité de la baguette et du bras n'a aucune raison d'être rompue. En effet, c'est l'appui des crins sur la corde qui, provoquant l'abandon du soutien du bras, est la cause du relâchement de la conduite et des difficultés rencontrées dans les mouvements de l'archet. Il importe de ne pas confondre le poids du bras qui est indispensable et qui résulte de sa juste décontraction, avec l'appui sur les crins, conséquence d'un relâchement du tonus postural. Cet exercice de "mime" au-dessus des cordes fait prendre conscience du poids du bras venant du dos, sans le confondre avec le relâchement qui caractérise trop souvent le bras lorsque l'archet est posé. Il faut laisser "filer" le crin sur la corde, l'accélérer ou le freiner, mais en aucun cas soumettre l'archet à l'appui ponctuel d'une main qui ne serait pas soutenue par le bras. Ceci est vrai dans tous les petits coups d'archet dont on croit qu'ils sont effectués par le poignet et les doigts seuls. En fait, poignet et doigts jouent la plupart du temps un rôle passif : ils ne font que *répondre à la sollicitation d'un mouvement venu de plus loin.* Les exercices qui consistent à exercer isolément les articulations des doigts sont donc inutiles, voire nuisibles, puisque sous prétexte de libérer des articulations qui n'ont rien d'enkylosé -pourquoi le seraient-elles? - on donne aux doigts une initiative qu'ils n'ont pas. Quant au poignet, il est des coups d'archet qui demandent à ce qu'il fonctionne "seul". Mais on oublie trop souvent que, même lorsqu'il prend l'initiative du geste, le poignet doit toujours être relié au bras, dont le poids lui est parfois bien utile. Ainsi, le petit détaché n'engage apparemment que le poignet, car du fait de sa petite dimension, l'espace parcouru par l'archet ne dépasse pas l'amplitude du mouvement latéral du poignet. De même, le sautillé est un coup d'archet dit "du poignet". Mais, en fait, c'est la présence et le poids du bras auxquels répondent la légèreté et la souplesse de la main, qui permet à l'archet de sauter. Si l'opposition de ces deux forces n'est pas réalisée, si le poids du bras se relâche, c'est-à-dire si le sautillé devient un mouvement volontaire du poignet seul, alors on peut être sûr que le rebondissement s'amortira au lieu de se tonifier.

Il est parfois nécessaire d'alléger le bras (c'est par exemple le cas du grand martelé, où le son est plus percutant si l'on peut alléger le bras juste après l'attaque), de le faire résister au mouvement (comme dans le spiccato où le bras, qui ne participe pas au geste, résiste même à l'action de l'avant-bras), mais jamais le bras ne reste inerte, même dans les cas où la précision du coup d'archet interdit de lui laisser l'initiative. Paradoxalement, le bras joue également un rôle lorsque le coup d'archet s'exécute sans archet, c'est-à-dire dans les pizzicati. Si le pizz était véritablement réalisé avec tout le bras - sauf dans le cas des petits pizz rapides - comme si le bras était un grand doigt parti du dos pour devenir ce petit doigt en contact avec la corde, alors peut-être commencerait-on à entendre de vrais pizzicati sonores au lieu d'avoir à tendre l'oreille...

Il faut être aussi particulièrement attentif au rôle du bras lors des *changements d'archet*. De même qu'un démanché devrait être identique selon qu'il va dans l'aigu ou dans le grave, de même le coup d'archet devrait être semblable en poussant ou en tirant. C'est parce que le mouvement n'est pas identique dans les deux sens que les "retours d'archet" sont délicats. Il est fréquent, en poussant l'archet, de remonter le bras et de l'alléger au point qu'il quitte le plan de la corde : en arrivant au talon cet allègement s'accentue et conduit alors à soulever également l'épaule, déplaçant la respiration vers le haut de la poitrine. Dès lors, le début du "tiré" ne pourra être qu'un rattrapage plus ou moins réussi, destiné à rééquilibrer le bras et l'archet. Pour éviter les flottements de sonorité aux extrémités, surtout dans le grand détaché où la vitesse est grande, il convient au contraire de ne pas relâcher le poids du bras. Le legato est un coup d'archet où, par essence, les changements de direction ne doivent pas être perçus, mais passer pour une simple *liaison hélicoïdale*. Pour assurer une telle continuité, le tonus du bras doit rester constant, permettant à la main de dessiner des ellipses très légères qui arrondissent les extrémités et donnent aux liaisons la souplesse requise, supprimant les duretés ou les sécheresses des reprises d'archet.

Mais nous ne devons jamais oublier l'importance de la conduite linéaire de l'archet. Lorsque nous avons des gestes exacts à réaliser, des emplacements et des formes qu'il faut conserver, nous pouvons nous entraîner à jouer *sur nous-mêmes*. Tout comme le mime des mouvements d'archets au-dessus de la corde aide à prendre conscience du poids du bras, le jeu sur notre épaule, sans violon, permet de considérer les mouvements de l'archet dans leur pureté extrême. Les gestes effectués sur l'épaule, ou plus exactement sur une ligne droite imaginaire allant de la clavicule gauche au genou droit, sont exactement identiques à ceux que l'on peut réaliser sur le violon : s'ils sont parfaitement intégrés et assimilés, alors il deviendra possible de jouer les yeux fermés à n'importe quel endroit de l'archet, quels que soient la vitesse et le niveau sonore requis. Il est souvent profitable aux violonistes de cultiver cette sensation de jouer sur son propre corps, de découvrir l'intensité de ce *circuit fermé* constitué par le dos, le bras et la baguette. Le courant d'énergie traverse alors sans mal nos différentes articulations selon une ligne de mouvement solide et ininterrompue qui revient à nous pour "boucler la boucle". Lorsque la conduite linéaire de l'archet est à ce point intériorisée, chacun peut ressentir sa propre subjectivité et connaître la qualité hautement créative de son énergie en mouvement.

C'est également sans l'intermédiaire du violon que l'on peut prendre conscience du mouvement vertical par lequel les changements de cordes sont exécutés. En effet, le tracé linéaire dont j'ai longuement parlé s'effectue sur quatre niveaux différents - ou plus si l'on compte les trois possibilités supplémentaires de doubles cordes. Chaque geste linéaire de l'archet peut donc avoir lieu dans l'un des sept plans possibles. Il est important de ne pas exagérer l'inclinaison de l'archet lorsqu'il se trouve sur les cordes extérieures, et n'est donc plus limité par une autre corde. Aussi, s'avère-t-il très utile "d'imaginer" la présence d'une corde "ut" au-delà du sol, et d'une corde "si" après le mi, afin de fixer des bornes à l'archet qui bascule facilement dans le vide, détruisant par là l'équilibre corporel et instrumental.

Il faut avant tout que les mouvements verticaux de l'archet n'en gênent jamais la conduite linéaire, dont j'ai dit l'importance. Le changement de cordes concerne le bras tout entier ainsi que la baguette, qui doivent se mouvoir ensemble. Changer de corde, c'est faire basculer chacune des trois figures dont nous avons parlé d'un plan à un autre, étant entendu que la ligne des épaules, qui ne bouge jamais, est l'intersection de ces divers plans. Il est clair que

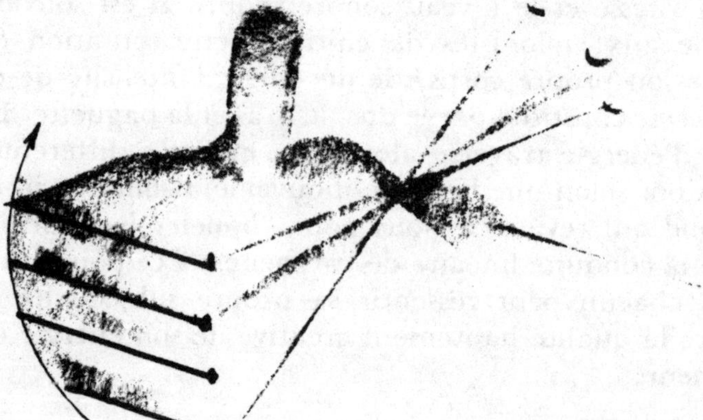

l'angle à parcourir pour passer d'une corde à l'autre reste le même, que l'on soit au talon ou à la pointe : c'est la longueur de l'arc de cercle parcouru par la main qui est modifiée, importante lorsque le changement de cordes a lieu à la pointe, presque nulle au talon. Dans ces changements de cordes, le corps est tranquille, l'épaule ne se soulève pas et, bien entendu, le violon ne s'incline pas davantage pour faciliter la rencontre avec l'archet. En modifiant l'inclinaison, on fausse aussi la précision des mouvements. Ces principes sont formels pour maintenir la stabilité posturale dans tous ces cas de figure... Le geste qui nous permet d'atteindre les différents niveaux part de l'articulation de l'épaule, d'arrière en avant. Je propose souvent à mes élèves cette image du joueur de pétanque qui lance sa boule devant lui, pour leur montrer que l'articulation de l'épaule ne doit pas fonctionner latéralement. L'indépendance de l'articulation humérale conditionne la souplesse de toutes les autres articulations, et c'est bien souvent une mauvaise utilisation de l'épaule - beaucoup plus que du poignet - qui est la cause des difficultés qu'éprouvent les violonistes à changer de cordes. C'est au coude de donner les ordres de jeu à l'articulation humérale, car c'est lui qui, situé à la jonction du bras et de l'avant-bras, gouverne le mieux le bras tout entier. C'est à lui en particulier qu'il appartient, dans les changements de cordes vers le grave, de provoquer la fermeture de l'avant-bras, pour que l'archet reste parallèle au chevalet et ne dévie pas vers l'avant.

Lorsque de nombreux changements de cordes se succèdent dans leur vitesse particulière, il convient de savoir *anticiper,* c'est-à-dire de préparer le geste longtemps à l'avance pour que le passage d'une corde à l'autre se fasse sans heurts. Parfois même, l'anticipation est telle que le bras n'est jamais au niveau de la corde qui devrait lui correspondre et se trouve déjà sur la corde suivante. Dans le cas des détachés sur plusieurs cordes, c'est l'avant-bras qui joue un rôle essentiel puisque la vitesse rend caduque l'utilisation de l'épaule pour de petits déplacements. En effet, lorsque l'avant-bras est bien en pronation, il peut effectuer un mouvement circulaire qui lui permet de couvrir une distance verticale suffisante pour atteindre plusieurs cordes, non seulement sans bouger le coude ni l'épaule, mais en les utilisant comme points d'appui. Pour les détachés très allongés, il faut utiliser autant que possible la laxité de l'articulation de l'avant-bras, surtout si la rapidité empêche réellement le bras d'intervenir. Mais si le détaché parcourt les quatre cordes de l'instrument, ce mouvement de l'avant-bras doit être précédé d'une légère oscillation de bras, qui l'aide à se développer avec l'amplitude nécessaire. Dans ce cas, l'assise principale de l'archet se trouve au milieu des quatre cordes, tout comme la main gauche, qui, lorsqu'elle doit effectuer plusieurs démanchés successifs, considère le centre des distances à parcourir comme sa position d'équilibre, économisant ainsi bien de l'énergie. Pour donner un exemple, dans un bariolage entre les cordes sol et ré, la position neutre du bras et de l'archet doit être située exactement entre la corde de ré et celle de sol si les mouvements sont symétriques, ou le cas échéant sur celle des cordes où les notes sont les plus nombreuses ou les plus importantes musicalement. Le principe est le même en ce qui concerne les accords de quatre sons - et a fortiori de trois ou deux sons. Les quatre cordes peuvent être prises exactement en même temps, sans "casser" l'accord, à condition que l'archet, situé au-dessus des cordes intermédiaires, attaque les cordes perpendiculairement, faisant sonner le mi et le sol avec la même intensité.

Si l'avant-bras seul - ou à peine aidé - agit dans le cas des détachés sur quatre cordes, c'est par contre le *poignet seul* qui exécute les petits bariolages rapides sur deux cordes.

Mais ce mouvement circulaire autonome du poignet, pas plus que le mouvement également autonome de l'avant-bras, ne doivent nous faire oublier l'importance de la participation du bras "porteur" dans les gestes verticaux de l'archet.

Qu'ils soient horizontaux ou verticaux, lents ou rapides, il faut avant tout que les gestes du bras droit ne se gênent pas entre eux, et que, en particulier, le simple aller-retour de l'archet ne soit jamais perturbé. Quels que soient les mouvements à réaliser, *l'archet et le violon doivent rester stables* et leur relation ne doit pas être modifiée par l'activité du violoniste. C'est *l'invariance absolue* du violon sur le corps, de l'archet dans le prolongement du bras, qui favorise la virtuosité. Celle-ci, ne l'oublions pas, n'est jamais que la synthèse plus ou moins complexe et rapide de mouvements variés, qui furent analysés et assimilés isolément. Le violoniste qui maîtrise les mouvements les plus simples de l'archet, qui en possède les sensations exactes à tous les points de la baguette, sur chaque corde, à des vitesses ou pressions différentes, ce violoniste-là dispose d'une sécurité de son côté droit qui lui ouvre de grandes possibilités de diction aussi bien que de virtuosité, et lui assure un moyen d'expression qui ne lui fait jamais défaut. En particulier, plus aucun obstacle ne s'oppose à ce qu'il réussisse sa conquête la plus noble et la plus décisive - mais aussi la plus rare - celle de sa sonorité...

La sonorité au cœur de la technique

Avec le son nous pénétrons dans la magie du violon, dans sa raison d'être. Capable de susciter l'enthousiasme le plus débordant, la passion délirante, aucun instrument (sinon les autres instruments à cordes, soyons justes!) ne possède un tel pouvoir de communication et de séduction. Aucun n'est à ce point porteur d'imaginaire, d'émotion supra-sensible que le violon, qui *chante* entre les mains de l'artiste, ô combien rare! qui a su créer en lui le vide où la sonorité ne rencontre plus d'obstacle. A l'opposé, qu'est-ce que le violon sans le son? Rien, sinon un instrument de sinistre réputation, ingrat, agaçant... Le son est tout : il transporte l'émotion, la beauté, la vibration, l'intention (1). Sans lui, la musique se réduit à des notes, plus ou moins belles, plus ou moins signifiantes, mais qui ne nous atteignent pas. Cela, tout violoniste le sait et le vit lorsqu'il est lui-même en situation d'auditeur. Il semble donc que produire un son pur, vibrant, ductile, devrait être l'affaire de

---

1. Je n'évoque pas ici les différents sons qui forment le support de la musique contemporaine. Il ne s'agit pas d'un oubli étant donné leur nécessité et leur importance, mais ils relèvent davantage d'une habileté à acquérir, d'un "imaginaire" à développer, plutôt que du domaine de la "vibration" qui nous concerne plus particulièrement dans ces pages.

tout artiste, et même la recherche de toute sa vie. Et pourtant, la réalité est tout autre. Il n'est pas rare d'entendre des violonistes - arrivés cependant à un niveau d'aptitude élevé - jouer en donnant l'impression de n'être pas concernés par la qualité sonore de leur jeu. Il semble que leurs acrobaties instrumentales soient la seule réussite à laquelle ils s'intéressent, insouciants de la vraie qualité de leur son. Leur palette est déficiente, parce que trop restreinte : tout "fortissimo" est ramené à un "forte" déjà écrasé, empli de parasites ; tout "pianissimo" est en fait un "piano" plus ou moins audible, sorte de chuintement flottant et irrégulier. De tels interprètes "mezzofortistes", aux moyens limités, ne peuvent que laisser la bride à leur "tempérament", exprimant bien plus leurs impulsions, dans la limite de leurs capacités, que la musique elle-même.

L'absence de moyens sonores est la plupart du temps responsable de l'inhibition musicale, du manque d'imagination. Un conférencier enroué ou privé de micro perd ses idées à vouloir pousser sa voix ; son énergie se disperse en efforts inutiles, au lieu de communiquer un message. De même, un instrumentiste "aphone" dont la voix musicale est brisée, perd ses possibilités et, à long terme, s'installe dans un jeu médiocre sans puissance évocatrice et sans curiosité. Pourtant, force nous est de constater qu'une exécution n'existe qu'à travers le plaisir de la "vibration". Les performances acrobatiques nous laissent froids lorsqu'elles sont exécutées avec un son maigre, chargé de bavures. Une soi-disant interprétation s'exprimant d'une voix aigre et dure ne nous atteint pas, et combien de fois aimerions-nous faire avec un violoniste le même geste qu'avec n'importe quel poste de radio : tourniquer le bouton jusqu'à ce que l'émission soit parfaitement claire.

En dépit de cela, la recherche de la sonorité reste curieusement absente dans le travail du violon. L'ambition consiste, semble-t-il, à intégrer des automatismes digitaux performants qui autorisent la virtuosité - travail nécessaire qui fait partie de l'apprentissage du violon, mais apparenté à l'entraînement systématique de la dactylographie *dès lors que l'on ne tient pas compte de la sonorité*. Acquérir un savoir-faire n'est qu'une question de persévérance et d'habileté. La seule vraie difficulté, pour un violoniste, celle qui justifie le privilège de son instrument, est de produire en toutes circonstances - quelles que soient les difficultés techniques - une sonorité timbrée et véritablement limpide, c'est-à-dire *"bon conducteur de musique"*. La transparence du son est fondamentale car elle joue le rôle de porte-voix. Elle est indispensable pour que l'instrument porte au loin et que les notes rapides, par exemple, conservent leur netteté à distance. Beaucoup de jeux, correctement perçus dans un cercle restreint, perdent toute présence et n'ont aucune portée dès que l'auditeur est au fond de la salle, parce que le son insuffisamment "émis" dès le départ est chargé de parasites. L'épreuve du concert révèle la réalité du son, car elle teste infailliblement sa pureté, sans laquelle il se perd au lieu de se propager. Bien entendu, les qualités propres d'un violon entrent pour une part dans la pureté de la sonorité, mais il n'est que de confier le même instrument à deux interprètes de valeur inégale pour voir combien la luminosité d'une sonorité dépend du jeu de chacun.

Le son est au violon ce que la voix est au chant, la forme matérielle qui donne vie à la musique, et qui en est inséparable. Il n'est pas de "fond" que l'on puisse percevoir abstraction faite de son expression, et la musique est son. Comme la voix, le son est le support musical absolu, le fil qui véhicule la musique et fait naître l'émotion. La nécessité de "placer le son" est donc aussi impérative que celle de placer la voix. Le violoniste dont la sonorité n'est pas centrée en permanence est aussi éloigné de sa fonction d'interprète que le serait un chanteur à la voix coincée et détimbrée.

Le fait de jouer sur un instrument indépendant de nous ne justifie pas que notre sonorité demeure extérieure. Comme pour un chanteur, le son du violoniste lui vient de l'intérieur. Notre travail consiste en fait à libérer notre son, le son que nous possédons virtuellement, c'est-à-dire notre voix. Il n'y a rien à quêter ailleurs qu'en nous-mêmes. Le violoniste centré, disponible, ayant réalisé son unité, est un son en puissance.

Je donne souvent à mes élèves cette image très évocatrice du violoniste-peintre dont l'archet serait un pinceau et le son une pâte claire, vivante, prête à être modelée. La toile de l'artiste est projection de son espace intérieur, elle matérialise une ou plusieurs images mentales et les coups de pinceau ont pour rôle de rendre tangible son paysage intérieur.

Si le son est lui-même musique et message de beauté, comment concevoir plus longtemps un apprentissage du violon qui ne soit pas en permanence centré autour de la sonorité, de sa recherche et de son amélioration? L'étude instrumentale devrait être "entée" sur celle de la sonorité, afin que leur développement concomitant constitue une base fiable pour tout futur travail d'interprétation. Il n'est pas une œuvre, pas une gamme, pas un exercice, si complexe soit-il, dont l'exécution puisse être jugée satisfaisante s'il n'est pas joué avec une sonorité qui corresponde exactement à son intention. Il faudrait introduire dans la pédagogie l'idée d'un couple virtuosité/sonorité qui serait aussi insécable que celui de voix/diction chez le comédien. Peut-être pourrait alors disparaître cette conception d'une technique pure, c'est-à-dire d'un ensemble de mécanismes que l'on peut "accessoirement" habiller avec du son. Cette osmose de la sonorité avec le travail même de l'instrument est d'ailleurs parfaitement adaptée à notre travail conscient puisque l'acquisition de toute praxie, comme la recherche d'une sonorité optimale, sont toutes deux basées sur les mêmes exigences d'équilibre corporel et de concentration mentale. Mon but n'est donc pas ici d'enseigner de façon explicite à "avoir" un son, car on ne peut jamais se dispenser de la recherche intérieure de la sonorité, de la "plongée au fond", seule capable de faire du son une manifestation de l'"être". Je voudrais montrer comment la véritable sonorité est inséparable d'un certain état d'esprit, comment elle exige une approche fervente.

Il peut sembler ridicule de demander à un violoniste d'écouter, de s'écouter lui-même, d'écouter sa sonorité tant cette fonction semble inséparable de sa qualité de musicien. Mais nous savons d'expérience combien nous sommes parfois éloignés des comportements les plus naturels. Ce rôle de l'écoute est si important qu'il serait pour ainsi dire utile de le mentionner avant chaque opération que nous effectuons sur l'instrument. "Ecoute!" pourrait être l'injonction unique qui résumerait tous les autres conseils et nous rappellerait à notre présence essentielle. On considère l'écoute comme une donnée de base, une "évidence", alors qu'elle requiert en fait toute une activité intérieure et une grande concentration.

Chacun croit qu'il écoute mais ignore "ce qu'est l'écoute", ne s'étant jamais attardé sur sa *pratique consciente*. Ecouter n'est pas "ouïr" et pas encore "entendre". Tout le monde peut ouïr. C'est une fonction passive liée à l'existence matérielle de l'oreille.

Ecouter suppose une affectivité auditive qui est à la fois passive et active : on sent et on réagit. Entendre va encore plus loin ; c'est une intelligence auditive active, un "entendement" qui est communion, connaissance et création.

Lorsqu'un musicien démarre au stade de l'ouïr, il n'a que peu de pouvoirs à sa disposition pour améliorer sa sonorité. S'il veut évoluer, il doit faire l'apprentissage de l'écoute, qui est l'activité la plus constructive dans laquelle il puisse s'engager.

Sans le contrôle de l'oreille et quelles que soient la précision et l'exactitude de nos gestes, la sonorité n'est qu'un bruit littéralement inaudible parce que "inaudé" au départ. Chacun peut faire l'expérience de "s'enregistrer", les oreilles bouchées. Il sera aussitôt convaincu qu'il ne peut conduire sa sonorité sans le gouvernement de son oreille. L'absence d'écoute le désorganise complètement. En effet, pour nous, instrumentistes, c'est la perception sensorielle auditive qui provoque *des associations* et met les sons et toute la sensibilité physique en relation mutuelle. C'est par l'oreille que nous percevons si notre organisation corporelle est bonne, si telle position de la tête est à modifier, si tel contact de l'index est à intensifier, si tel point de décontraction est à rechercher : tout cela pour donner à la sonorité plus de moelleux, plus de force, plus de profondeur. A la limite, l'oreille seule pourrait suffire, si elle était exercée, affinée au maximum, pour inventer et rétablir toutes les autres sensations tant sa nécessité est impérieuse. Malheureusement, l'idée de cette écoute totale est la plupart du temps utopique, car de nombreux problèmes techniques viennent la perturber, lui faisant perdre sa clarté. Quelque bonne volonté qu'on y mette, l'écoute ne peut être que superficielle si l'organisation instrumentale est anarchique, perturbatrice. De plus, l'écoute est constamment gênée par son grand ennemi, l'œil, qui empiète sur son territoire.

De par l'organisation de notre hiérarchie sensorielle, l'œil est le plus puissant, le plus rapide et le plus "intellectuel" de nos cinq sens. Il subordonne tous les autres à son magistère. Lorsqu'il fonctionne avec trop d'activité au moment où l'oreille devrait guider les opérations, celle-ci faiblit, c'est-à-dire perd une partie de son acuité et de sa puissance créatrice. Au moment d'être jouée, la musique n'est pas dans la partition, elle est *en nous*. Il ne faut donc pas la "rejouer" en allant directement du message visuel au geste traducteur sans passer par l'intermédiaire de l'écoute intérieure. Si l'œil dicte la main du peintre, c'est l'oreille qui doit conduire celle du musicien. L'œil ne devrait jouer pour lui que le rôle premier d'un *informateur* qui apporte rapidement à son intellection auditive le message du texte écrit, lequel provoque *la prévision* indispensable du geste. Mais dès que son action prédomine dans la situation, soit qu'il s'attarde avec une insistance exagérée sur la partition, soit qu'il s'occupe à regarder ou à surveiller le mouvement des doigts, il fait aussitôt tort à la sonorité aussi bien qu'à la diction musicale, en mettant l'oreille en position de retrait.

Au moment de l'exécution musicale, l'œil doit abandonner son poste de guetteur et se retourner "à l'intérieur". Nous observons souvent chez certains artistes dont l'écoute intérieure est très active que l'œil, s'il reste ouvert, semble voir et entendre au dedans comme s'il quêtait, lui aussi, le son derrière son voile.

Pour exercer réellement le rôle prédominant qui est le sien, l'oreille doit non seulement être développée, son acuité renforcée, mais elle doit prendre corps sur un fond de silence. Il faut avant tout entrer dans un état de disponibilité intérieure, être capable de se calmer, de faire taire nos agitations et nos contestations, de relâcher l'étau de notre esprit. La qualité de l'écoute véritable passe d'abord par la *possibilité de pouvoir écouter le silence.* Seul un son issu, né d'un silence vrai, peut être pleinement entendu. Il jaillit alors comme une source vivante et cesse d'être un accident plus ou moins réussi, produit par l'agitation et le hasard. Il n'est pas si simple qu'on l'imagine de prime abord, de pouvoir accepter le silence. Le goûter, le vivre pleinement comme étant un tremplin créatif, suppose assez de confiance en soi et en ses possibilités instrumentales pour être capable de désarmer notre vigilance mentale. Mais lorsque nous sommes parvenus à prendre le recul nécessaire par rapport à un jeu qui s'opérait naguère avec "la tête qui veut", nous devenons capables de nous aventurer sans crainte dans un jeu qui dépend désormais de "l'oreille qui écoute", et dans la recherche d'une sonorité.

Ce silence est beaucoup plus important qu'on ne le croit, car c'est en lui que s'effectue l'écoute intérieure. Comme nous le verrons à propos du travail de la justesse, l'écoute n'a pas seulement ce rôle de rétroaction destinée à nous informer de ce que nous avons réellement joué, de ce qui est sorti de nous. Elle ne se limite pas à percevoir la hauteur des notes - ce à quoi elle se réduit pourtant le plus souvent - ni même lorsqu'elle est plus subtile, le volume, l'évolution des nuances, le grain, l'aura vibratoire ou la résonance physique du son. Le plus important de tout est d'écouter le son qui va venir et non pas seulement le son qui est déjà réalisé.

Il est courant de penser qu'il suffit d'un simple frottement des crins sur la corde pour mettre celle-ci en vibration, et donc émettre un son. Or, ce geste banal qui consiste à "passer" l'archet ne suffit pas à produire un son clair et riche en vibrations : il faut concevoir son émission comme si elle libérait une conception sonore latente, *déjà intériorisée,* un son pouvant en quelque sorte se propager dans l'espace sans le secours de l'archet. Pour produire ce son, il faut donc que s'exerce auparavant une écoute intérieure qui formule une intention, décide des dosages à mettre au point. Le frottement de l'archet n'intervient que pour entretenir en surface la vibration déjà émise ; son rôle n'est pas de la provoquer à chaque instant par des pressions verticales réitérées, qui n'aboutissent qu'à l'empêcher de s'envoler librement.

C'est parce que le son a une vie indépendante qu'il faut l'écouter *avant* qu'il soit "sorti", faute de quoi on ne peut plus influencer sa trajectoire. Le golfeur qui veut envoyer une balle à cinquante mètres évalue dès le départ, avant le jet, quelle impulsion il peut lui donner. Le violoniste, comme lui, doit prévoir l'amplitude qu'il veut donner au son, la courbe qu'il veut lui faire décrire. Lorsque le son a été émis, l'oreille externe peut alors jouer son rôle de régulateur : l'écoute extérieure attentive nous permet, si besoin est, de corriger un élément sonore nuisible à notre discours. Ayant gardé en mémoire ce que nous avons effectivement joué, nous pouvons redresser sur ce modèle les imperfections perçues. Toutefois, nos imperfections doivent être perçues comme telles : outre qu'un mauvais équilibre corporel empêche l'écoute véritable, celui qui n'a jamais écouté sa sonorité, qui ne l'a pas travaillée dans la vigilance, ne pourra la rectifier par cette seule écoute ; il lui faudra d'abord prendre conscience de ses défauts. Mais l'interprète qui sait écouter véritablement, c'est-à-dire à la fois écouter ce qu'il veut jouer et ce qu'il a joué, est certain de maîtriser sa sonorité plus que tout autre. Encore faut-il qu'il sache comment "émettre" un son, ce qui n'est pas toujours le cas...

Le son, matériau essentiellement vivant, n'est flexible et maniable que s'il résulte d'une émission ponctuelle, d'un acte précis qui ressemble à la mise en vibration d'une cloche, d'une coupe de cristal ou d'une harpe. Lorsqu'il s'échappe, sa durée et son intensité dépendent des propriétés de l'objet mis en vibration ainsi que des caractéristiques de l'émission sonore elle-même, en particulier de sa force, de son élan et de sa décision. Au violon, *c'est la prise de son initiale* qui joue le rôle de la chiquenaude que nous donnons sur un verre de cristal. Elle ressemble à un pizzicato très éloquent qui mettrait la corde en vibration, selon le caractère ou la nuance voulue. A l'instar du pizz, elle résulte d'une légère pression de l'archet qui l'immobilise un instant sur la corde, aussitôt suivie d'une décision précise entraînant un geste rapide qui donne la franchise de l'émission. Plusieurs éléments influent sur le départ sonore :

- le degré de la pression sur l'archet et le relâchement plus ou moins progressif de celle-ci selon que l'attaque est résolue ou amortie, incisive ou souple,
- le rapport de la vitesse de l'archet et du poids engagé dans l'action qui varient l'une et l'autre selon le coup d'archet, la nuance et le caractère de ce que l'on joue au moment précis,
- le soutien du côté gauche et la qualité du toucher, essentiels à la "mise en vibration",
- l'emplacement des crins par rapport au chevalet, plus ou moins éloignés de celui-ci selon que l'action musicale se déroule au départ dans une position basse ou élevée sur le manche, étant bien entendu que plus on monte sur le manche, plus l'archet se rapproche du chevalet.

Il existe en fait sur chaque violon un emplacement idéal de la production du son, là où la corde offre le plus de résistance au poids de l'archet, ce qui est généralement beaucoup plus près du chevalet que ne le croient habituellement les violonistes. Pour trouver cette position, je conseille parfois de chercher la pureté du son qui convient, en se plaçant en cinquième position, puis de revenir en première position sans avoir sensiblement changé l'emplacement de l'archet.

La qualité du premier contact de l'archet avec la corde

est donc de la plus grande importance, puisqu'il doit la faire sortir de son état d'inertie en un temps minimum. Ce départ du son est essentiellement constructif, et l'on ne soignera jamais assez cet instant qui détermine toute la qualité des développements ultérieurs.

Il faut savoir attendre jusqu'au dernier moment avant de se poser en souplesse. Cependant, à l'exception des jetés, le crin doit toujours être *posé* au moment d'accrocher le son, ne serait-ce que pendant une infime fraction de seconde lorsqu'il s'agit de coups d'archet - rapides et légers. Ce bref arrêt du crin sur la corde, qui doit correspondre à la pose préalable des doigts de la main gauche, assure un contact indispensable pour une production sonore calme et vivante. Il ne faut toutefois jamais s'"aplatir" sur un départ, en particulier en présence d'un trille ou d'une succession de notes très rapides qui nécessitent un envol du son instantané. Le bras doit dessiner un cercle préalable d'une envergure proportionnelle à la carrure rythmique de l'œuvre ou de la séquence concernée. Ainsi, non seulement l'attaque sera légère, vivante parce qu'elle vient de haut, soutenue par un bras actif et tonique, mais elle aura le mérite considérable de construire en même temps le dynamisme rythmique dans lequel va se dérouler la musique.

Si le problème de la prise de son est souvent présent à l'esprit des violonistes, par contre celui de son achèvement est rarement abordé. Or, un son qui commence *doit savoir s'arrêter* avec précision et de toutes les façons imaginables ; soit en plein élan, soit en relâchant progressivement la pression, soit en diminuendo, soit en crescendo, soit en restant sur la corde, soit en retirant l'archet. Une parfaite maîtrise de la baguette rend l'opération aisée, mais à condition que l'oreille - qui est toujours le maître d'œuvre - suive le son jusqu'à son extinction totale, faute de quoi les fins de phrases manquent de "fini" et d'aboutissement.

Savoir terminer un son ne va pas de soi, contrairement à ce que l'on pourrait croire. Il faut encore plus de concentration pour demeurer présent jusqu'à l'extrême limite d'un geste que pour le commencer. On a tendance à se débarrasser de ce qui est fait, à ne pas l'accompagner jusqu'à l'extinction finale. Beaucoup de violonistes demeurent désorientés par certaines fins de phrases dont ils ne savent plus que faire parce que la sonorité les trahit. Ils lâchent alors le fil du discours d'une façon abrupte et sèche qui provoque chez l'auditeur un légitime sentiment de frustration.

Celui qui sait achever un son est assuré de pouvoir le reprendre, car un son bien achevé échappe au danger de s'emmêler avec le suivant et donne un jeu clair où chaque détail est perceptible. Beaucoup de pianistes, qui abusent inconsidérément de la pédale, tombent dans le même piège que certains violonistes, en laissant les sons se chevaucher sans qu'aucune nécessité polyphonique le demande. Lorsqu'on obtient la maîtrise de ne reprendre le son suivant qu'après avoir entendu mourir le précédent, on obtient un discours limpide qui, au surplus, n'offre aucune prise à la désorganisation rythmique. Bien pris à la naissance, bien accompagné jusqu'à son extinction, le son -sous réserve d'être bien conduit sur tout son parcours - est assuré de pouvoir "parler la musique" et de la faire vivre aussi bien dans ses ombres que dans sa lumière.

"Conduire" un son, c'est d'abord le *laisser vivre* en toutes circonstances, ne jamais le briser ou l'étouffer. Il faut donc que soit toujours entretenu un bon dosage entre la légère pression sur la baguette et la vitesse de l'archet. On ne peut maintenir cet équilibre que si la baguette et le bras qui la soutient constamment *respirent* sur toute la trajectoire du son. Lorsque l'on a une bonne sensation du dessous du bras on peut "imaginer" facilement que le son passe librement sous le bras. Il n'est alors jamais écrasé, contrairement à ce qui se passe si souvent, au talon en particulier. L'équilibre de la sonorité est, en fait, un savant équilibre entre le poids du bras sur l'archet et la respiration elle-même de l'archet sur la corde. Le résultat dépend essentiellement des principes que nous avons posés lors de la tenue d'archet, en particulier à propos du soutien de l'avant-bras et de l'absence de serrage du pouce.

Pour obtenir une parfaite égalité de la sonorité à tous les endroits de l'archet, certaines compensations sont parfois nécessaires. Par exemple, il est souvent utile à la pointe, et dans les V en particulier, d'appuyer davantage avec l'archet sur l'épaule gauche, surtout si on est en possession d'un archet léger ou mal équilibré qui a tendance à ne pas "*tenir*" à la pointe. Dans tous les cas, *l'archet ne doit jamais quitter la corde*. Une "constante" des crins sur la corde, et le plus souvent du "centre" des crins (mèche à plat) est à respecter sur tous les points de la trajectoire. Même lorsque le geste musical oblige la baguette à se soulever, elle doit, sous forme d'une image mentale, demeurer liée à l'instrument.

De son union constante avec la corde résulte un moelleux exceptionnel des attaques et une grande souplesse dans le tracé. On peut conseiller parfois à ceux qui n'ont pas la sensation juste du contact avec la corde, d'imaginer qu'ils l'entraînent avec eux, en tirant l'archet devant eux ou en le poussant. Cette expérience est excellente pour faire sentir la résistance de la corde, qui est inhérente à toute la production de ces sonorités denses et timbrées que nous aimons ; mais il faut éviter qu'elle entraîne le musicien à adopter un jeu "collé".

La continuité du son est souvent compromise dans les changements de cordes et dans les changements de positions, c'est-à-dire dans ces mouvements qui se surajoutent à la conduite linéaire. On oublie fréquemment que les "graves" doivent bénéficier d'une pression de la baguette plus importante que les "aigus" ; la tendance habituelle est de trop charger ces derniers, en particulier l'extrême aigu de la corde mi, qui, de ce fait, devient criard. Le dosage de la sonorité relève d'une vigilance constante, car il s'agit de marier sans relâche les sonorités des différentes cordes, afin qu'elles conservent le même grain.

Tout au long de l'œuvre et à travers toutes ses métamorphoses, il est bon de cultiver l'impression d'une même courbe sonore : le son enfle, se réduit, meurt, renaît, se transforme, s'éloigne, s'approche, change de couleur, mais demeure toujours la même voix miraculeuse qui s'exprime, donnant l'impression d'une sonorité illimitée. Si nous fermons les yeux lors d'une phrase particulièrement méditative, nous pouvons alors visualiser notre sonorité, comme si elle emplissait le cosmos de ses ondes, prenant ainsi une dimension poétique qui la fait décoller du champ prosaïque de l'exécution ponctuelle. La phrase est convaincante lorsqu'elle se déroule dans un grand et unique son qui change de hauteur et devient successivement do ré la sol etc... dans un même écoulement fluide et généreux que rien ne perturbe.

Il est difficile de parler du son ("des sons" devrait-on dire, puisqu'ils diffèrent avec chaque compositeur, chaque œuvre, chaque sentiment), sans évoquer rapidement les *nuances* qui sont avec lui dans un rapport si direct. Elles dénaturent souvent la sonorité, parce qu'elles entraînent des modifications trop importantes et trop brutales dans le poids du bras et dans l'énergie dépensée. Mais surtout - et là est le problème - elles sont vécues par le musicien comme des "indications", sorte de signalisation à respecter et non comme des variations d'intensité de la voix qui répondent aux nécessités du discours : voix qui tantôt s'impose, domine, tantôt chuchote, murmure, selon les dessins de la musique. Là aussi, l'œil se révèle parfois un écran dangereux. Le fait de *voir* un *pp* empêche souvent de le *vivre*.

Quelques principes très simples peuvent contribuer à la réalisation de nuances qui soient d'authentiques manières de parler la musique : les bonnes nuances naissent d'une prévision de l'espace et des vitesses inégales de la baguette qui concourent à leur développement. Les crescendos ne doivent jamais résulter exclusivement d'appuis verticaux de la baguette sur la corde (qui se relâchent dans les decrescendos) mais également des allongements et rétrécissements de la baguette qui permettent dans des vitesses d'archet variables d'éponger le poids pour que le son ne soit pas écrasé. Les nuances "piano" appartiennent à deux familles bien distinctes, trop souvent confondues : les *p timbrés, qui parlent,* maintiennent la baguette à la corde dans un court espace d'archet, tandis que les *pp d'accompagnement,* ainsi que ceux qui constituent des effets sonores, s'effectuent avec un archet plus allongé qui file alors superficiellement près de la touche, voire sur elle. Paradoxalement, les "pianos" demandent un investissement d'énergie plus important que les forte. Pour réaliser ceux-ci, l'énergie se libère, tandis qu'il faut la contenir dans les *pp,* la maintenir activement en réserve pour n'en distribuer

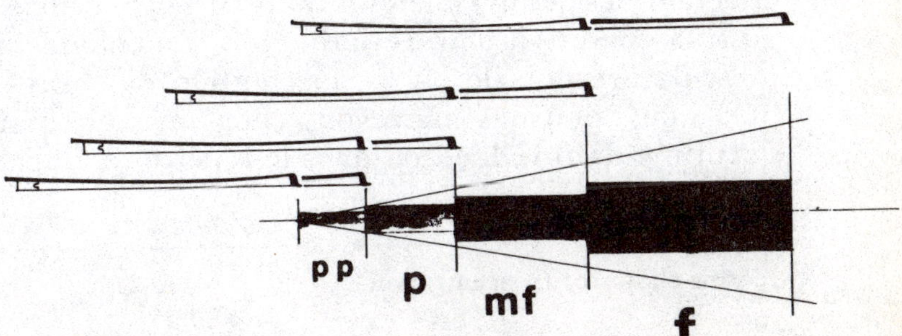

qu'une faible partie. A ce seul prix le *p* est vraiment éloquent. Il nous faut donc une qualité de présence et une concentration intérieure exceptionnelles pour que puissent naître ces *pp* ineffables qui viennent du fond de l'âme, et cette faculté n'est pas spontanément donnée à tout le monde... En aucun cas on ne doit céder à la tentation de soulever l'archet dans les "pianos". Le poids du bras demeure le même que dans les nuances *ff*, à la différence qu'il ne parvient pas jusqu'au bout des doigts qui conservent alors toute la légèreté et la précision voulues pour conduire le *pp*.

Pour l'instrumentiste à corde - plus encore que pour quiconque - le son reste toujours éminemment sensoriel, intéressant le toucher autant que l'oreille. Il est donc essentiel de cultiver des doigts "palpeurs", érotisés à l'extrême, dont la perception tactile permet d'exprimer les plus sensibles de nos intentions musicales. A cette recherche s'ajoute celle de l'assise et de la concentration dans le hara (1), qui ont pour but de faire rayonner le plus possible d'énergie afin de donner aux extrémités tactiles un pouvoir musical maximum. C'est donc l'unité du corps tout entier qui produit un véritable son physique qui, seul, peut faire vibrer le corps de l'auditeur. Un chanteur est bien forcé de prendre conscience de la résonance de son corps s'il veut avoir une voix, c'est-à-dire "sonner". L'équilibre corporel dont j'ai longuement parlé n'est pas seulement nécessaire pour effectuer des gestes cohérents ou pour se concentrer : il est aussi la condition d'un véritable son. La colonne d'air, la musculature dorsale ou la sustentation des bras, tout ce que nous pouvons percevoir chez un chanteur, qu'il s'exprime dans le Lied ou dans le répertoire d'opéra, sont

---

1. Voir chapitre "Concentration".

également nécessaires au violoniste. Cette analogie du chanteur avec l'instrumentiste à cordes, déjà évoquée, me paraît fondamentale, car elle montre bien que la sonorité du violoniste ne peut lui être extérieure. Le son comme la voix vient du fond de l'être.

La communication de l'artiste et du public est essentiellement physique, et c'est la mise en vibration de leurs deux épidermes qui provoque leur véritable jouissance réciproque et aiguise leur sensibilité simultanée au message musical. La sonorité physique qui opère ce miracle est bien celle qui nous concerne au premier chef, parce qu'elle est dans la droite ligne de toute notre recherche sur l'unité psycho-physique de l'artiste.

C'est dans une telle perspective corporelle que je voudrais aborder le problème du vibrato, indissociable de celui de la sonorité. Le vibrato n'est pas un "à côté", un enjolivement du son ; il existe avant tout pour donner au son ampleur et densité. Il se déploie donc pour augmenter les oscillations de la sonorité, lui imprimer une vie et un relief accrus. Tous les vibratos qui sont des grelots irritants, des tremblements incontrôlables ou les camouflages d'une sonorité défectueuse n'émeuvent jamais que celui qui vibre, et encore... Pour vibrer, il faut donc partir en priorité de *l'idée du son* et non de l'obsession du geste. On ne vibre pas pour produire un "vibrato" mais pour mettre le son en vibration par une impulsion profondément "sentie". Le bon vibrato, capable de transmettre l'émotion, part donc de la vibration naturelle du son pour l'amplifier à volonté.

Il crée et perpétue la vie entre les notes. Il résulte, comme le vrai son, d'un équilibre corporel qui libère toutes les articulations. Lorsque tous les segments du bras sont emboîtés et bien reliés à un dos qui "tient" lorsque les épaules sont basses et la respiration libre, lorsqu'aucun serrage ne vient entraver la circulation de l'énergie, alors *on vibre* sans avoir le sentiment de faire une action ou un effort spécial, car *on est en état de vibrer*. Quant à la qualité de l'expression véhiculée par le vibrato, elle dépend de la richesse de nos propres émotions et de notre maturité affective.

Il est possible de développer le mécanisme spécifique du vibrato, lorsqu'il a été trop contrarié ou jamais établi, en intensifiant les vibrations longitudinales des cordes grâce au mouvement de va-et-vient des bouts de doigts et des phalangettes. Mais tous les exercices que l'on peut suggérer ont peu d'efficacité s'ils ne viennent pas se greffer sur un équilibre corporel général, sur une totale unité du bras en particulier. En effet, le vibrato n'est jamais partiel. Il est déclenché et porté par le bras qui est l'initiateur du mouvement, développé par l'avant-bras et le poignet, soutenu par le pouce qui fait office de pivot fixe, reçu et perpétué par les doigts dont la sensiblité et le tact appellent à la vie toutes nos émotions. Selon les artistes, certaines articulations semblent plus actives que d'autres, car chacune privilégie plus ou moins tel détail en fonction du caractère de sa sonorité. Mais jamais on ne doit percevoir si c'est le doigt, ou au contraire le bras qui est à l'origine du mouvement ; le vibrato doit donner l'impression de se perpétuer de lui-même, en circuit fermé. Il n'y a donc jamais lieu d'opposer entre eux le vibrato du doigt, du poignet ou du bras, puisque chacun des organes est solidaire de tous les autres.

Toutes les recherches auxquelles nous pouvons nous livrer pour renouveler, rafraîchir la sensation de notre vibrato ne sont jamais inutiles, car elles nous empêchent de tomber dans le stéréotype. En aucun cas le vibrato ne doit être une habitude ni un automatisme. On doit toujours pouvoir *vibrer ou ne pas vibrer*. Beaucoup de violonistes sont enfermés dans un vibrato dont ils ne peuvent sortir, qui provient d'ailleurs fréquemment d'un énervement intérieur, et jouer sans vibrer est pour eux une épreuve insupportable, voire impossible. Un violoniste doit toujours rester indépendant par rapport à son vibrato, être capable de le remettre en question, afin de le provoquer à sa guise, dans une liberté totale.

Un vibrato répétitif qui se ressemble toujours à lui-même empêche toute variété, toute expression vraiment artistique. Il faut pouvoir s'adapter à la musique, vibrer, *au choix*, de façon large et intense ou légère et discrète, en soutenant ou en relâchant, en allant du vibrato le plus profondément intériorisé à l'absence presque totale d'oscillations. Quel que soit son caractère, le vibrato est toujours au service du contenu affectif de l'œuvre, d'un sentiment à exprimer, et il doit donc toujours être, lui aussi, le fruit d'une écoute extrêmement active.

Dès que notre son devient ainsi une réalité vivante, depuis l'écoute intérieure qui lui donne naissance jusqu'à l'écoute extérieure qui le perpétue, porté par une conduite ferme et souple et un vibrato constamment expressif, il se crée alors avec lui une intimité, une complicité qui nous rend intelligents, créatifs, capables d'invention. Nous sommes enfin parvenus à l'accomplissement même de ce fameux son physique, issu du plus profond de notre être.

Lorsque l'on a trouvé sa sonorité, ample, variée et détendue, pouvant aller sans dommage du plus extrême fortissimo au plus intime pianissimo, et capable de transporter dans ces nuances extrêmes toutes les plus riches émotions de l'âme humaine, alors *on s'est trouvé soi-même* et il en résulte une joie inégalable, comparable à bien peu de joies humaines. Cela ressemble à une profonde réconciliation de l'être humain avec lui-même, d'où naît peut-être le vrai bonheur “d'être” et “d'être musicien”.

Bien que le son, devenu une expression adéquate de notre être, soit une jouissance certaine que l'on goûte sans lassitude, il n'est pas une finalité pour le musicien. Il faut toujours éviter les complaisances narcissiques envers sa sonorité, qui n'est pas un but en soi, mais seulement la condition et le moyen de l'expression musicale.

Toute sonorité qui n'est pas au service de la musique devient gênante, pléthorique et meurt de l'excès de ses propres qualités. Celui qui a trouvé sa voix, c'est-à-dire sa sonorité, n'a plus à la chercher ni à redouter sa faillite puisqu'elle *est*. Il lui suffit de l'appeler sans jamais la forcer, de la laisser venir et de la "laisser faire" au gré de son maître, la musique !

La justesse intérieure

La justesse ne peut être envisagée comme un problème isolé, indépendant de notre unité instrumentale. En particulier, elle fait partie intégrante de la recherche de la sonorité dont elle contribue largement à la clarté et à la "vibration". Mais sa complexité et l'importance qu'elle prend dans le jeu du violon, si subtil à son égard, justifient de la traiter pour elle-même et de lui consacrer un développement particulier.

Rappelons peut-être d'abord qu'on ne peut esquiver ce problème de la justesse et des rapports difficiles qu'ont avec elle les musiciens. Aucun malentendu n'est ici possible : il y a *non-sens* à prétendre s'accommoder d'une justesse approximative - autrement qu'en tant que faiblesse humaine, toujours excusable bien sûr - sous le prétexte de la bien connue tolérance de l'oreille et de sa faculté à restituer la note juste à partir d'une note qui ne l'est pas. Tout "à-peu-près" dans la rigueur des intervalles *est* (perçu clairement ou non) *un affaiblissement* du message musical émis.

Le système des alternances de tons et demi-tons de nos gammes constitue la base même de la tonalité, autrement dit de l'immense majorité de la musique que nous entendons et jouons : affadir le jeu des intervalles qui donne son sens syntaxique, donc son sens tout court, à telle courbe mélodique ou telle succession d'accords ne peut qu'aller à l'encontre du repérage subtil de références qu'opère (à notre insu mais infailliblement) notre oreille, donc ne peut que détériorer, partiellement peut-être, mais de toutes façons gravement, l'efficacité du jeu d'un musicien, quels qu'en soient les mérites par ailleurs. « Il joue faux, mais il est tellement "musicien" ! » ne peut être qu'une boutade d'humoriste.

Ajoutons que les violonistes - ils auraient tort de s'en plaindre, car c'est un témoignage supplémentaire de l'impact humain exceptionnel de leur instrument - ont encore moins de liberté que d'autres en ce domaine. Des expériences l'ont suffisamment montré : l'oreille "supporte" sans rechigner de la part d'un chanteur tous portandos, vibratos ou inflexions de hauteur qui l'obligent à restituer la note réelle écrite ; par contre, un simple malheureux démanché de violoniste qui n'est pas arrivé à sa stricte place dans l'aigu, ou une octave innocente dont les deux sons ne sont pas à l'unicité absolue déclenche sans manquer des grimaces dans une salle.

Il est, à propos des instrumentistes à cordes, un mot qui contient peut-être plus de vérité qu'on ne croit : « ces gens qui passent la moitié du temps à s'accorder, l'autre à jouer faux... » Nous laisserons de côté le premier aspect de cette boutade afin de nous intéresser plus spécialement au second : on constate effectivement que la justesse est une préoccupation constante de l'instrumentiste à cordes, et que jouer véritablement juste - nous verrons plus tard ce que signifie ce "véritablement" - reste une chose assez rare. De quelqu'un qui joue faux, on dit « il a toujours joué faux », ou bien « il n'a pas d'oreille ». Or, mises à part quelques rares exceptions de "cas" dont l'oreille serait soi-disant "anti-musicale", l'explication par le manque de don est erronée. Quant au « il a toujours joué faux », il ne constitue pas une "explication".

Pourquoi donc comprend-on si peu la justesse ? D'où vient que l'on rende si volontiers le manque d'oreille responsable de ses défauts ? Tout simplement parce que l'on *confond la capacité de jouer juste avec la capacité d'entendre juste*. Nous sommes là au cœur d'un grave malentendu qui empêche beaucoup de jeunes musiciens de progresser dans *l'art de la justesse,* faute d'être en possession des véritables données sans lesquelles il est impossible d'entrevoir de solution pratique.

Quelle réponse peut apporter à son problème le violoniste à qui l'on répète : « c'est faux » sans lui proposer d'y remédier, le violoniste qui, bien souvent, n'est pas conscient lui-même de ses imperfections, ou celui qui avoue : « quand je suis ému, c'est la justesse qui s'en ressent » ? On ne joue pas faux parce que l'on manque d'oreille mais parce que l'on n'est *pas en mesure d'entendre au moment de jouer*. La même personne peut entendre juste et le prouver en chantant son texte avec beaucoup de subtilité, ne plus entendre de la même manière dès qu'il faut traduire la musique sur l'instrument, et entendre *encore moins* si cette action est perturbée par une émotion.

Le premier remède à apporter lorsque l'on s'attaque au problème de la justesse, c'est de rétablir l'écoute, d'ouvrir l'accès à l'oreille. Le défaut d'écoute est un phénomène que nous avons déjà remarqué à propos de la sonorité, et qui sévit également en ce qui concerne l'interprétation. Il n'est pas un simple défaut d'oreille, mais il est dû à une dispersion de l'attention : les craintes, les tensions et les préoccupations qui encombrent l'esprit du musicien ne lui permettent pas d'être ouvert à ce qu'il fait. Ici encore, rendre l'écoute possible passe par le rétablissement de l'équilibre corporel qui, seul, rendra à l'intéressé ses facultés de contrôle et de concentration. Le premier obstacle à la justesse peut donc être levé si l'approche que l'on a du violon est changée.

Reste un autre type d'obstacle qui se rapporte plus à l'apprentissage proprement dit de la justesse: Trop peu de pédagogues se penchent réellement sur ce problème, et l'initiation à la justesse reste paradoxalement absente de l'enseignement du violon. Comment en serait-il autrement quand la justesse est soit un don, soit la capacité du doigt à corriger sa position lorsqu'il est tombé à côté ?

La justesse instrumentale s'acquiert par une technique intelligente, grâce à laquelle on apprend à jouer juste. La glissade du doigt, destinée à corriger une note, devient alors un recours exceptionnel, moins pour camoufler un faux pas que pour s'adapter aux imprévus qui peuvent surgir, comme une corde désaccordée, un diapason différent ou des partenaires peu stables. La justesse "parfaite" se définit comme l'art de former des intervalles exacts entre les notes. Elle requiert essentiellement la coïncidence de deux types d'oreilles, dont nous avons déjà signalé l'importance à propos de la formation de la sonorité : l'oreille extérieure - celle que l'on nomme habituellement "l'oreille" - et l'oreille intérieure - que l'on ne nomme pas pour la bonne raison qu'elle est ignorée de la plupart des violonistes. Celle-ci consiste à reproduire mentalement le discours musical, par la seule puissance d'évocation et de suggestion de l'image auditive. Elle nous permet d'élaborer nos intervalles, de les construire avant même de les jouer, de leur donner vie *en nous*, avant de leur prêter une existence extérieure. Semblable en cela à la vue intérieure que l'on crée à volonté en fermant les yeux, elle est indépendante de la perception auditive. Elle résulte d'une concentration qui nous permet de vouloir et d'entendre exactement ce que nous *allons* jouer et nous implique dans une disposition affective puissante vis-à-vis de la musique.

L'oreille extérieure est une oreille de *contrôle* qui vérifie que la note obtenue est bien conforme au résultat escompté, et en assure éventuellement la rectification. Le fonctionnement simultané de ces deux oreilles est capital. Celui qui ne joue que d'"oreille", c'est-à-dire par la seule activité de l'oreille extérieure, s'expose à jouer faux sans le savoir. Lorsque l'oreille extérieure seule est exercée, elle joue alors un rôle qui ne doit pas être le sien : au lieu d'être un simple contrôle a posteriori, elle devient celle qui conçoit la justesse. A la fois juge et partie, elle ne peut plus exercer sa fonction de juge puisque le modèle auquel elle devrait se référer n'existe pas. Incapable de percevoir des différences puisqu'elle ne perçoit que la note extérieure telle qu'elle a été jouée, sans entendre la vraie note juste, intérieure celle-là, elle nous entraîne alors bien souvent d'imperfections en imperfections.

Une note fausse ne peut donc être corrigée efficacement que si l'on établit une comparaison entre "la note intérieure" que l'on voulait entendre et la "note extérieure" qui a été entendue. Les élèves qui poussent leurs doigts en avant ou en arrière parce qu'on leur crie "Plus haut !" ou "Plus bas !", ou parce qu'ils aperçoivent de grands cercles rouges sur leurs partitions, ne font aucun travail efficace. Lorsqu'ils ont exercé correctement leur oreille mentale ils n'ont besoin de personne pour leur dire que c'est "trop haut !" Ils le savent et peuvent y remédier utilement. Seule la double présence de l'oreille intérieure et de l'oreille de contrôle permet d'obtenir la subtilité de la justesse, pour autant que la technique instrumentale proprement dite soit suffisamment exercée. En effet, pour jouer juste "toujours" - c'est-à-dire même en dehors des jours de "forme" - il faut créer consciemment des circuits qui relient l'évocation mentale de l'intervalle et le geste de la main ou du bras, mais il faut également graver en profondeur ces circuits, comme je l'ai dit à propos de la sensation. Ceci suppose non seulement une bonne connaissance des positions sur le manche et des mouvements nécessaires aux changements de position mais également une pratique qui ait ancré les sensations physiques au plus profond de nous-mêmes.

Lorsque ce travail est réalisé, la simple évocation suffit à former l'intervalle qui s'accomplit physiquement sans erreur ni tâtonnement. La justesse est alors la synthèse parfaite de plusieurs mémoires qui s'exercent simultanément : c'est la mémoire auditive qui, formant l'intervalle mental, déclenche la mémoire tactile. Celle-ci se souvenant des empreintes, de la forme de la main et de la sensation du toucher, se greffe à son tour sur la mémoire gestuelle qui reconduit immédiatement l'image visuelle utile des déplacements à effectuer. La justesse, qui est en somme *le résultat attendu* de toutes ces mémoires admirablement imbriquées, est alors soumise à l'attention de l'oreille, qui la savoure avec satisfaction et s'apprête à relancer l'opération dans un élan renouvelé.

Mais, en quoi peut donc consister l'apprentissage pratique, j'allais dire physique, de la justesse ? Outre l'absence d'oreille intérieure, si tant de musiciens jouent faux, c'est parce qu'ils n'ont pas, dans leur jeunesse, consacré assez d'attention à l'élaboration consciente des tons et des demi-tons. La sensation du juste et du faux est demeurée approximative. Les doigts n'ont jamais été franchement collés ou éloignés les uns des autres par une démarche auditive et physique délibérée. La différence entre une seconde majeure ou mineure, entre un intervalle augmenté ou non, la sensation d'une sensible qui monte à sa tonique ou d'une dissonance qui appelle sa résolution, n'a pas été appréciée avec assez de *soin* par l'oreille et par les doigts, qui se sont alors habitués à des intervalles approximatifs, ni franchement faux, ni franchement justes, mais toujours douteux.

La prise de conscience rigoureuse de ces intervalles de base peut se faire par les voies les plus diverses. Pour ceux qui l'ignoreraient, je signale que l'opus 6 de Sevcick concernant le "système des demi-tons" est un chef-d'œuvre d'intelligence méthodique. Les tons et les demi-tons y étant élaborés dans toutes les permutations possibles et dans une progression croissante de complexité, une familiarité avec les tonalités réputées les plus difficiles s'établit dès le début des études, et jouer en do dièse mineur ne pose rapidement pas plus de problèmes que de jouer en do majeur. Après avoir assimilé toutes ces grilles d'intervalles qui créent une mémoire gestique laissant intacte la forme de la main, il devient impossible de poser approximativement les doigts qui obéissent automatiquement à l'évocation de l'intervalle désiré.

Il est peut-être difficile d'initier les enfants à ce travail systématique, peu adapté à leur impatience, mais au moins faut-il que les pédagogues s'en inspirent pour ne proposer à leurs élèves que des modèles d'intervalles clairs et logiques qui les rendent "justes" dès le départ. Il faut également souligner le rôle capital de l'index dans l'élaboration de la justesse. Comme je l'ai montré en analysant les mouvements de la main gauche, il est à la fois un guide de la main dans ses déplacements et le repère intellectuel et sensoriel à partir duquel se forment les intervalles. Qu'il soit réellement posé, qu'il soit imaginé, il demeure un point d'appui ferme à partir duquel les intervalles justes s'organisent. Parce que de tels points d'appuis nous sont nécessaires, quelle que soit la dimension des intervalles, il est important que nous sachions, dans les démanchés en particulier, créer des notes de passage qui en font office et les utiliser discrètement. Le musicien, tout au long du parcours, doit trouver les prises qui assurent sa justesse tout comme l'alpiniste doit, avant de se hisser d'un degré, prendre le temps de vérifier l'aspérité où il mettra les pieds et les mains. La justesse ne peut se fier aux fortunes de hasard ; elle a besoin d'un trajet sûr. C'est à chaque instrumentiste *de créer son propre chemin* et ses propres points de repère, qui sont fonction de la taille de sa main et de ses doigts, de ses préférences personnelles et du choix qu'il doit parfois effectuer entre sécurité et élégance.

Quelle que soit la correction des moyens employés, le travail de la justesse ne donne des résultats fiables que s'il est exercé avec patience pour le seul plaisir de l'action elle-même, sans irritation lorsqu'on vient à manquer le but. Le travail *au ralenti* est profitable parce qu'il permet de construire scrupuleusement l'intervalle et de le contrôler avec acuité. Mais il est impossible de préconiser un "tempo standard" en fonction de tel ou tel exercice. Chaque violoniste trouve le tempo qui correspond à son rythme et à sa faculté d'écoute personnelle, le meilleur d'entre eux étant celui qui favorise le plus la *prise de conscience auditive.* Un tempo trop lent ne permet plus d'intégrer l'intervalle dans la courbe harmonique générale et fausse l'écoute, tandis qu'un tempo trop rapide interdit la prise en charge mentale de l'opération. Il est donc important, pour acquérir une justesse "absolue", de trouver le tempo qui, nous convenant parfaitement, nous laisse apprécier nos propres sensations.

Si jouer juste passe par l'acquisition de sensations claires et précises, il importe de nous défaire du cortège d'habitudes qui nous encombrent et de restituer à nos gestes leur pureté originelle. Ainsi, *ne pas vibrer* quand on construit son intervalle est une discipline un peu austère, mais qui développe beaucoup la force et la concentration auditive, nous ramenant à nos vraies sensations. Elle permet d'éviter toutes les rectifications inconscientes obtenues par le vibrato qui nuisent à l'élaboration d'une justesse dépouillée de toute tricherie. S'il ne faut pas en abuser, pour ne pas se "refroidir" à l'excès, une pratique modérée de cette ascèse est cependant excellente pour la formation d'une authentique justesse - comme pour le vibrato d'ailleurs qui, échappant à l'automatisme où il est si souvent emprisonné, devient plus personnel et renouvelle ses moyens d'expression.

Lorsqu'un tel travail a créé les circuits de justesse, il ne faut surtout plus penser à la justesse de chaque note. L'oreille est capable de procéder par synthèse, et la surveillance de chaque note freinerait le discours musical. Seules certaines notes clefs méritent notre attention, en particulier celles qui, marquant la tonalité, entraînent la justesse de toutes les autres, et celles qui sont accidentelles, jouant par là un rôle capital dans l'intonation et dans les modulations. La justesse, comme le rythme, se "relance", se rafraîchit à intervalles suffisamment espacés pour que la respiration et la vie ne soient pas étouffés sous la pression d'une attention vigilante.

Une telle démarche, aussi exigeante que constructive, devrait évidemment concerner avant tout les enfants qui, se formant à ce travail au cours de leurs études, pourraient acquérir les fondements d'une justesse infaillible. Mais combien d'adultes auraient, eux aussi, intérêt à faire, *au moins une fois, ce chemin* de *justesse consciente* où chaque ton, chaque demi-ton, chaque intervalle est repensé, goûté et entendu dans toute son intégrité, d'après *l'exigence réelle de la tonalité* - et ce, en se promenant à travers les paysages de *toutes les tonalités* majeures et mineures.

Ceux qui s'y engagent avec courage et humilité sont parfois saisis de stupeur devant le flou de leur démarche précédente et s'aperçoivent que pas une note n'était alors vraiment juste. Ils prennent alors vite goût à ce véritable travail "musical" qui, loin de leur apparaître comme une corvée, devient une recherche enthousiasmante, dans la mesure où elle aiguise leur sensibilité, laquelle entrevoit peu à peu les émotions subtiles de la *justesse expressive* -car c'est elle le véritable aboutissement de ce travail, la seule vraie justesse qui vaille qu'on lui sacrifie tant d'efforts. Jouer avec la justesse du piano ou d'autres instruments tempérés est déjà très honnête et respectable et il n'y a rien à y redire. Mais c'est pour un violoniste le minimum vital au-dessous duquel la musique n'est plus la musique. Un des grands privilèges des instruments à cordes - par ailleurs privés de structure polyphonique - est de pouvoir rendre toute la richesse expressive, toutes les nuances affectives de chaque note dans chaque tonalité, et ce n'est pas un moindre avantage. L'oreille très exercée de l'instrumentiste à cordes lui permet de s'immerger totalement dans l'univers poétique de la tonalité et d'en ressentir le climat. Pour le traduire fidèlement sur l'instrument, chaque note doit être animée d'une exceptionnelle qualité d'expression que seule peut lui apporter la pratique de la justesse expressive absolue. La justesse devient alors une passion affective, une satisfaction sensorielle, une jouissance musicale à l'état pur, qui est déjà un début d'interprétation. En effet, la tonalité contient une telle richesse musicale, tant de sentiments y sont inclus que celui qui sait jouir de la vraie justesse, et ressentir l'émotion qui résulte d'un rapport exact entre les notes a déjà en lui toutes les qualités de l'interprète.

Le rythme instrumental

Parler du rythme à propos d'instruments à cordes peut paraître superflu. Après tout, le rythme n'est-il pas commun à tous les instruments et ne relève-t-il pas davantage d'une disposition personnelle que d'un problème de réalisation pratique ? Ne sommes-nous pas familiers de ces jugements sans appel en forme de constatation : « tu n'as pas de rythme » ?

Certes, le rythme est, avec l'oreille, une des dispositions musicales qui semblent les plus liées à un aspect inné de la personnalité. Mais, en ce qui concerne les instrumentistes à cordes, il faut bien se garder de verdicts définitifs. Les défauts rythmiques qu'ils manifestent peuvent en effet provenir d'un manque de tonus fondamental qui les rend incapables de maintenir ou même de créer un élan. Mais, bien plus souvent, un maniement instrumental défectueux en est la cause, et nous touchons là à un point qui concerne essentiellement le jeu de l'archet. C'est la méconnaissance de la façon de traiter un rythme et de le "tenir" sur un instrument mélodique tel que le violon, qui soulève les principales difficultés. Elles cèdent sans grande peine à l'analyse et au travail.

L'éducation du rythme instrumental est négligée, voire même ignorée par de nombreux pédagogues qui la confondent volontiers avec le souci fort légitime de la "mesure". Il est certes indispensable de ne pas laisser passer d'erreurs solfégiques, et de savoir rappeler à l'ordre les élèves ou les musiciens qui ne "vont pas en mesure". Mais en ce domaine comme en d'autres, la constatation intervient trop tard et ne remonte pas à la cause. Pourquoi ne vont-ils pas en mesure ? Telle est la question qui devrait être posée. En effet, quel intérêt y a-t-il à "corriger" sans cesse les mêmes défaillances si - fondamentalement - l'organisation rythmique instrumentale est défectueuse. Les mêmes problèmes se retrouveront à chaque instant et il faudra encore et encore incriminer quelque "manque de mesure".

La question mérite d'être soulevée car elle est au cœur de bien d'autres difficultés rencontrées par les violonistes et qui ne sont en réalité que fausses difficultés, disparaissant le jour où le problème rythmique est résolu. J'ai souvent remarqué qu'il suffit d'aider quelqu'un à trouver la solution de son instabilité rythmique pour que le sens de l'exécution juste apparaisse *de lui-même*, y compris dans des œuvres de grande envergure qui lui semblaient naguère inabordables.

La musique ne peut se passer de rythme. Tout en elle commence par là. Le rythme précède la mélodie qui n'existe que cadrée dans une durée et animée par une pulsation ; il est lieu de rencontre, possibilité de participation à l'harmonie générale. Le rythme est ordre, et donc point de départ de la création ; il est aussi essentiel à la musique que le battement du cœur l'est à la vie. Sans lui, il n'y a plus de circulation ni d'échanges possibles.

En apparence élémentaires, ces remarques ont leur importance. En effet, les difficultés surgissent dès qu'il s'agit de ressentir ce rythme dans le geste linéaire de la conduite sonore et dans les manipulations instrumentales les plus complexes. Aussi, pour le rendre fort et lui permettre de résister aux pressions extérieures, aux difficultés de parcours, est-il absolument nécessaire de le mettre au centre du travail instrumental. Le rythme, traduit par l'instrument, ne doit donc pas être confondu avec la mesure, qui n'en est que l'aspect le plus extérieur, comparable à la correction froide et mécanique du métronome. Faute de mieux, elle n'est surtout pas à négliger, mais nous verrons que lorsque s'établit en nous une véritable "dimension" rythmique *dynamique,* la notion stricte de "mesure" devient la lettre qui tue au lieu d'être l'esprit qui vivifie.

Le rythme intérieur est en quelque sorte une organisation du temps musical basée pour l'essentiel sur deux grands éléments que j'appelle volontiers le temps "battement" et le temps "espace", c'est-à-dire, pour être plus clair, le temps donné par l'impulsion rythmique et celui qui correspond à *l'espace imaginé entre deux impulsions.* D'autres éléments, liés plus directement aux épisodes et aux fluctuations du discours musical, interviennent à leur tour pour donner vie au rythme : ils forment le temps musical. *Temps battement, temps espace, temps musical,* tels sont, pour les besoins de l'analyse, les trois composantes fondamentales du rythme instrumental, qui bien évidemment se confondent et ne font qu'une au moment de jouer. Lorsque, par un travail conscient et suffisamment prolongé, le musicien a pu se mettre à l'épreuve, en s'exerçant à tous les gestes et aux combinaisons les plus audacieuses tant de main gauche que d'archet, le rythme s'intègre alors si profondément à sa personnalité qu'il devient, sans aucun effort, inaltérable et infaillible.

Le temps battement est une *affirmation rythmique* consciente qui d'abord met en mouvement un temps donné puis l'entretient dans sa durée. Il est l'expression spontanée d'une impulsion vitale dans laquelle s'engage l'être tout entier sans le moindre doute et la moindre hésitation. C'est le "je" de l'interprète qui est le moteur de ce battement dynamique. Lorsque son "je" est affirmé, soutenu par une vitalité et une sécurité intérieure, le violoniste ressent corporellement les pulsations de chaque musique, et peut la traduire dans l'ensemble de ses gestes. Même la conduite linéaire d'une phrase mélodique devient animée, soustendue par la pulsation rythmique intérieure qu'il entretient et vit sans relâche. Mais lorsque le "je" est faible et mal assuré, l'impulsion est évidemment sans autorité et n'a pas assez de force et de décision pour entraîner un mouvement qui vive de son propre élan, dans un perpétuel devenir dynamique. Elle "retombe", s'affaiblit, et le rythme se dégrade alors de façon plus ou moins aiguë.

Le temps battement est une base si fondamentale du rythme instrumental global qu'on ne peut poursuivre le travail tant que le musicien n'est pas capable de le ressentir et de l'exprimer avec suffisamment de conviction. Le pédagogue doit avant tout aider l'élève à réveiller son "moi" inhibé et le mettre dans une situation de confiance où il puisse se manifester. Il n'est pas facile de faire éprouver le sentiment et la sensation physique du geste dynamique qui marque le temps sur un instrument à cordes. Le maniement des instruments à percussion en permet une approche beaucoup plus convaincante parce qu'il provoque la décision du corps entier et le travail à la batterie ou à la percussion serait parfois très profitable à certains violonistes dont l'expression rythmique est défectueuse. A défaut, il est possible de leur faire ressentir la relation essentielle qui existe entre l'affirmation rythmique et la décision du "moi-je", par l'expression cadencée du pas qui frappe le sol, du cri réitéré que l'on s'efforce de faire surgir du plus profond de l'être, ou du battement vigoureux et rythmique des mains. De façon plus directe encore, il est important de s'exercer à tirer et à pousser l'archet dans un élan qui engage profondément l'affirmation du "je".

S'impliquer profondément dans un « je tire, je pousse, je tire, je pousse » percutant et rythmé, qui obéit à une puissante incitation mentale, est un exercice très fécond qui aide beaucoup à restaurer l'activité profonde du moi et la confiance dans ses pouvoirs. Ces procédés peuvent paraître à première vue légèrement enfantins, mais ils s'avèrent à l'expérience n'être pas aussi puérils qu'ils le paraissent. La réalisation d'un geste précis, l'expression authentique d'une décision ponctuelle est parfois un acte difficile pour l'élève qui doit vaincre sa pudeur et sa peur de s'affirmer, et l'on parvient rarement du premier coup à libérer l'élève de ses résistances. Le travail, parallèlement exercé sur la respiration et la concentration, facilite énormément la réalisation d'un geste rythmique qui ne soit plus une décision mentale, mais une impulsion intérieure spontanée.

L'organisation du temps dans *l'espace* pose beaucoup plus de problèmes à un grand nombre de violonistes parce qu'elle est liée à l'art subtil d'utiliser son archet en fonction de la valeur et de la quantité des notes à exécuter. Les irrégularités rythmiques involontaires sont presque toujours la conséquence d'une mauvaise utilisation des dimensions d'archet, qui contrecarre la régularité du temps battement.

Ainsi, lorsqu'il ne reste presque plus d'archet pour les dernières notes d'un groupe, on les bouscule ou on les presse inévitablement, même en s'efforçant de maintenir la fermeté du temps battement, tout simplement parce qu'il n'y a plus assez de place pour les prononcer. Le "retour d'archet" se fait donc trop tôt et, insensiblement, le tempo se décale. L'inverse se produit également lorsqu'il reste trop d'archet, ce qui incite, sans le vouloir, à s'étaler. La plupart des erreurs d'évaluation de l'espace proviennent de ce que la durée des notes n'est pas vraiment ressentie matériellement.

Il ne suffit pas, pour avoir un rythme inébranlable, de

lire correctement le texte et de le jouer sans erreur au niveau du battement. Il faut aussi donner aux battements l'espace qui leur convient, et donc conduire l'archet consciemment en étirant les notes dans la dimension prévue. Il n'est ni possible ni souhaitable de réaliser cette exactitude au coup par coup en surveillant visuellement le parcours. Il faut connaître parfaitement son archet, savoir toujours les yeux fermés à quel endroit de la baguette on se trouve, et cela grâce au fait que toutes les distances sont *intériorisées*. Lorsque l'archet devient vraiment le prolongement de l'espace corporel, il est alors possible d'appliquer facilement le principe qui régit le rythme instrumental et selon lequel, à nuance égale, les notes de même valeur utilisent la même quantité d'archet, qu'il s'agisse de coups d'archet détachés ou liés.

Ainsi, lorsque nous voulons jouer une suite de blanches, en détaché, sur toute la longueur de l'archet, il faut que chaque moitié d'archet ait exactement la valeur d'une noire, et que l'archet se trouve au milieu au moment où la moitié de la blanche s'est écoulée. Si l'instrumentiste lui donne des accélérations et des décélérations, jouant par exemple une moitié de la blanche sur les deux tiers des crins, l'autre moitié sur le tiers restant, alors le rythme sera déstabilisé. Et, au cas où l'on voudrait jouer désormais deux noires dans le même archet, l'irrégularité des mouvements d'archet se traduira immédiatement par une irrégularité, si infime soit-elle, des deux noires entre elles. Il faut accorder la même importance à l'identité de parcours du tiré et du poussé, dont l'inégalité est bien souvent la cause de décalages. En effet, le coup d'archet "tiré" bénéficie de l'aide de la pesanteur, tandis que le mouvement "poussé" doit lutter contre cette attraction. Le violoniste a souvent tendance à faire du tiré un geste plus ample que le poussé, lequel exige une conscience de l'espace si l'on veut le rendre absolument égal au tiré. C'est donc sur celui-ci que le poussé doit s'aligner pour donner à des notes égales la même longueur d'archet. Pour obtenir une conduite d'archet régulière et calme, grâce à laquelle puisse s'imposer un jour cette maîtrise de la diction, basée sur un rythme qui permet les audaces les plus subtiles et la plus grande variété, il faut tout d'abord être capable de prévoir les *vitesses de l'archet* dans le jeu.

Il est donc nécessaire de savoir, ou plus exactement de ressentir avant de jouer, si les besoins d'un texte demandent que l'archet soit divisé en huit, en quatre ou en trois temps battements, si un seul temps occupera l'archet tout entier ou au contraire un quart de sa longueur... Si l'on reste fidèle à cette prévision de l'espace, le déroulement de 32 triples croches se fera aussi spontanément et aussi facilement que celui de la ronde équivalente puisque l'archet sera conduit avec la même tranquillité, la dernière triple croche du groupe étant aussi claire que la première. Dans cette évaluation mathématique de l'espace, tout arbitraire est supprimé. Les « Allonge ! », « Réserve l'archet ! », « Trop court ! », « Trop lent ! » n'existent plus et n'ont plus de raison d'être. L'espace est organisé *d'avance,* en fonction de la nuance, de la valeur des notes et du coup d'archet choisi, et le déroulement du texte est à l'abri d'accidents rythmiques.

Pour ajuster la vitesse de l'archet aux besoins du texte, le musicien doit être capable au premier coup d'œil de *classer* les valeurs à jouer, pratique qui facilitera grandement le déchiffrage en lui permettant de choisir immédiatement de bons coups d'archet. Ce classement consiste à effectuer une mise en ordre visuelle de la partition, au moment même de la lecture. Ainsi, le nombre et la durée des notes comprises dans le temps peut être aussitôt pris en charge par le geste, dans une impulsion dynamique exacte. Il me semble que si cette notion de classement était plus répandue, les répétitions d'ensemble pourraient, en règle générale, être considérablement écourtées : ce qui n'est obtenu qu'après un long travail de mise en place peut l'être instantanément quand les interprètes ont cultivé le sens du classement, établissant entre eux une entente parfaite sans préalable.

Outre la carrure exceptionnelle qu'il donne au rythme, le classement exact permet de jouer facilement les passages les plus dangereux, en ne prenant appui que sur les impulsions rythmiques, ce qui évite toute diction mot à mot. "Sentir" l'impulsion rythmique libère le geste et incite à traduire de façon vivante la scansion et le phrasé d'une partition. De plus, le rythme formé par *séries d'impulsions* permet de jouer sans fatigue, alors que le mouvement volontaire constamment surveillé épuise l'attention et tue la musique. Jouer un passage rapide n'est pas difficile si, au lieu de suivre consciencieusement chaque groupe de notes en battant la mesure, on donne en temps voulu, selon les points d'appui harmoniques ou mélodiques, une impulsion qui fait rebondir le rythme, donnant au jeu une présence remarquable.

Le sens du classement s'acquiert et se perfectionne à l'aide d'un travail simple, qui consiste à créer, mentalement tout d'abord, instrumentalement par la suite, des "ensembles rythmiques" équivalents à une unité. Quelle que soit l'unité choisie, on s'applique à constituer des ensembles binaires, ternaires ou combinés de rythmes simples et composés. Ainsi, la même portion d'archet qui représente l'unité est divisée en deux, quatre, huit... battements ou trois, six, douze... alternant et mélangeant ces ensembles, en veillant à ce que chaque impulsion les regroupe avec autorité.

La possibilité de diviser ainsi sur commande l'unité en n'importe quelles fractions équivalentes crée de précieux automatismes rythmiques qui s'installent définitivement, dans la mesure où ils résultent d'une prise de conscience authentique et non plus seulement de l'imitation obéissante d'un modèle. Il est à noter d'ailleurs que cet exercice mental n'est pas utile seulement pour classer les valeurs courtes. A l'inverse, remplir mentalement les valeurs longues avec un ensemble de notes courtes équivalentes permet de rendre l'espace "plein", ce qui favorise la régularité du rythme et le soutien du phrasé.

Les silences font également partie du classement. Ils sont inclus dans le rythme, ils sont "musique" et ont une importance au moins égale à celle des notes écrites. Eux aussi doivent être sinon joués, du moins vécus comme s'ils étaient joués et leur contenu rempli comme une partie intégrante du langage musical. Un silence considéré comme un vide, un lieu où rien ne se passe, peut décaler un rythme et déséquilibrer le discours.

Plus important encore est le rôle de la *levée initiale* qui se prépare justement dans le silence, et assume presque toute la responsabilité du rythme et du classement efficace. Le départ de l'œuvre ou le départ de n'importe quelle séquence mélodique ou rythmique se prépare par un silence essentiel, par un temps de respiration ou "levée" qui doit s'accomplir dans *le rythme du temps proposé.* Si la levée qui *"lance"* le temps initial est animée d'une grande intensité rythmique et si le deuxième temps reprend immédiatement en charge l'élan initial pour relancer le dynamisme de la proposition, il se crée une impulsion constructive qui renaît d'elle-même sur toute sa courbe de propulsion. Si, au contraire, elle est sans contenu rythmique puissant, le temps initial s'écrase, demeure statique et ne construit pas le tempo. Seul, un élan provenant d'une forte concentration rythmique préalable peut créer ce mouvement dynamique qui entraîne la phrase dans son sillage et mobilise d'emblée notre écoute.

Mais ce classement des valeurs, aussi bien des notes que des "silences", destiné à organiser l'archet afin de répartir le rythme dans l'espace, n'est qu'un moyen qui doit être mis au service du "temps musical".

Ce temps musical est l'expression de la subjectivité de l'œuvre, des implications de son climat affectif, par opposition au rythme objectif, davantage représenté par les notions d'unité et de multiple. Il est avant tout fonction d'un tempo, à l'intérieur duquel il prend corps. Je n'ai pas encore évoqué cette notion de tempo, voulant absolument éviter qu'il soit assimilé et réduit à un simple mouvement métronomique. Or, le tempo correct n'est pas seulement affaire de métronome, mais de vitalité, de sensibilité, *d'affectivité* en quelque sorte, puisqu'il s'agit le plus souvent de traduire dans un mouvement donné des indications affectives telles que allegro, animato, vivo, presto, moderato, etc...

Le temps musical est le moyen de "servir" le contenu affectif d'une œuvre dans le respect du rythme ; il est la vie dans le rythme, la structuration "vivante" du tempo. En effet, nous savons tous que c'est *l'intensité de vie* qui fait le tempo et non la notion de rapidité ; le même tempo peut paraître, selon les exécutants, précipité ou mortellement lent. L'essentiel est que la vie s'intègre à l'immuabilité de la mesure et y introduise toutes les infimes variations qu'elle recèle.

Le rythme est donc à la fois un *ordre* fondamental qui donne leur juste durée aux sons, aux silences et aux accents, harmonise les rapports qui existent entre les phrases, et une *vie* qui est souplesse et fantaisie. Le tempo n'est pas exactitude inflexible, comme peut l'être un métronome ; il est vivant parce que vivifié par d'infimes oscillations, reflets de la vie affective de l'œuvre. Ces inflexions insensibles forment la trame de ce tempo-rubato permanent qui est le temps musical lui-même. Tous les grands artistes ont un tempo-rubato d'une grande liberté et cependant ils jouent si parfaitement en mesure que les orchestres dont la force d'inertie est considérable en vertu de leur grand nombre de participants les suivent sans aucune difficulté et sans risque du moindre décalage.

Ces accélérations et décélérations infimes se compensent constamment selon les besoins de la musique, sans jamais se transformer ni en bousculades, ni en traînasseries, ce qui implique de la part de l'interprète une parfaite maîtrise des moyens d'expression. Ce n'est pas la symétrie parfaite qui crée la beauté. Rien n'est plus inexpressif qu'un visage parfaitement symétrique et pourtant, rien ne paraît plus "régulier" qu'un beau visage... Il semblerait que cette palpitation de vie qui nous émeut dépende justement de ce "je ne sais quoi" qui échappe à l'ordonnance rigoureuse des éléments, de cette tension issue d'une légère différence. Ainsi en est-il de la musique, dont les phrases paraissent tellement plates, statiques, manquant de respiration, lorsque le tempo reste étouffé par des barres de mesure.

Selon qu'il est plus mélodique ou plus rythmique, le bon tempo se nourrit à des sources affectives très différentes. Le tempo mélodique, tout en courbes et en souplesse, prend ses racines dans une profonde concentration, dans cette immense "oreille intérieure" soumise aux impulsions souterraines et secrètes de l'inconscient, tandis que le tempo rythmique, plus cadencé et plus décidé dans son principe, semble stimulé par une présence d'esprit immédiate et plus directe.

Dans tous les cas, la vie rythmique de l'œuvre est entièrement fonction de la sensibilité rythmique du musicien. Plus il a d'assurance et de confiance dans le fondement de son rythme intérieur, plus il se "laissera aller" sans craintes et sans appréhensions aux instances créatrices de la sensibilité, et plus il saura adapter, bousculer au besoin, les règles qui lui auront servi à asseoir sa compétence.

La liberté de l'artiste est absolue quand il est soutenu par un rythme mental et instrumental infaillible. Quelle que soit l'originalité de son imagination, *la réalité* rythmique le met à l'abri des excès et garantit l'authenticité de son interprétation. Ayant maîtrisé le "tempo", il dispose de tout son "temps intérieur" et "jouer" devient alors réellement cette activité ludique qui n'a plus d'autre but que son plaisir et le plaisir de l'auditeur. Tout semble précieux : chaque blanche, chaque croche, chaque valeur lente ou rapide ; le tempo lent a la saveur du tempo rapide, le tempo rapide est en puissance dans le lent. C'est avec la ferveur d'un comédien pénétré de son texte qu'il prononce sa phrase, sans la précipiter ni la retenir trop, sans céder à une quelconque complaisance personnelle, mais en s'abandonnant à la musique comme à lui-même.

Cet état de liberté souveraine où ne subsiste plus trace d'action volontaire est celui que nous pouvons atteindre lorsque le rythme s'est intégré en nous au point de ne plus faire qu'un avec la vie de la musique. Une telle émotion, qui ne vient parfois qu'après un long chemin, vaut bien - et aucun musicien ne le démentira - le tribut d'ascèse qu'il faut lui consentir. Nous ne redirons jamais assez que cette liberté est uniquement réalisable lorsque les problèmes techniques sont dominés, lorsque la confiance dans le résultat est totale, et surtout lorsque le corps laisse passer le flux musical, sans y faire obstacle par la moindre tension ou crispation superflue.

Tonus et décontraction

L'expérience quotidienne du pédagogue le conduit parfois à approfondir des phénomènes sur lesquels il aurait peut-être moins réfléchi si la réalité ne l'y poussait pas. Il en est ainsi de la décontraction. J'y attache personnellement une grande importance ; mais les constatations que je peux faire tous les jours me poussent à y voir beaucoup plus qu'un "point important". Un nombre inimaginable d'instrumentistes sont contractés (bien souvent sans le savoir) au point que certains sont parfois même incapables de "jouer". Je ne parle pas ici de jouer bien, en étant inspiré ou dans un jour de grande forme, mais tout simplement de *jouer*.

Certains défauts dans la tenue de l'instrument, certaines erreurs posturales, même graves, peuvent s'atténuer ou disparaître grâce à un travail approprié ; mais aucun équilibre véritable, aucune expression, donc aucun progrès ne peuvent être réalisés tant que l'instrumentiste reste crispé, ignorant ce que peut être un comportement décontracté. *Or, la décontraction pour l'artiste est une nécessité absolue*. Chez le vrai musicien, le mouvement et le geste prennent leur source dans les recoins de l'âme en suivant des schémas intérieurs - et jamais de l'extérieur par imitation ou soumission à des stéréotypes. Les "attaques", tous les gestes du jeu, les fins de phrases, toutes les impulsions données à la baguette doivent venir *du dedans*. Mais tout en venant du dedans, l'énergie qui s'élève de nos profondeurs se déplace le long d'un réseau de muscles. Elle est donc particulièrement sensible à toutes les contractions de ce réseau musculaire et aux obstacles provenant des compensations posturales. Lorsqu'un musicien vit une crispation générale - ce qui est, je le répète, un fait courant - il n'est plus question pour lui d'une quelconque expression ; son jeu est bloqué. Son corps est prisonnier d'une véritable "cuirasse musculaire" comme dirait W. Reich, fermé à toute perception sensorielle. Plus, un seul muscle contracté suffit pour dérégler à terme ses facultés physiques comme sa sensibilité. C'est dire l'importance de la décontraction, non pas au sens où je lui accorderais une place particulière, y étant sensibilisée, mais au sens où elle est bien souvent le problème crucial des instrumentistes à cordes : sans elle, il n'est ni respiration, ni concentration, ni sonorité, ni musique possible.

En quoi consiste cette décontraction idéale? Avant tout, elle n'est pas un état de passivité ou de mollesse, mais au contraire un état parfaitement dynamique qui résulte d'une juste tonicité posturale. Elle est une *disponibilité* physique et musculaire susceptible de rendre toute action fluide et harmonieuse.

Beaucoup de gens confondent souplesse et mollesse, fermeté et crispation, parce qu'ils ne connaissent pas les gestes et l'organisation susceptibles de produire une pression ou une activité données, tout en restant relaxé. Notre état idéal doit être tonique et décontracté et non pas tendu et relâché. Un jeu décontracté ne peut jamais être relâché, car il réclame constamment une énergie renouvelée et mise en mouvement. Or, pour qu'il y ait énergie, il faut qu'il y ait tension juste entre des contraires. C'est l'*opposition* correcte des masses musculaires qui donne le tonus lié à la détente et permet l'absence de serrage et de crispation. Toute la difficulté consiste donc à concilier harmonieusement ces deux facteurs inséparables, tonicité et détente. La danse classique est l'exemple parfait d'un art où rien n'est possible ni dans la mollesse ni dans la tension. Pas plus qu'une ballerine au dos relâché, aux bras ballants, nous ne pouvons imaginer un acrobate effectuant pirouettes et entrechats les jambes crispées, le corps tendu... Notre jeu instrumental requiert ces mêmes qualités qui nous donnent une telle impression d'harmonie et de fluidité chez le danseur. Loin d'en réduire la portée, la décontraction est le meilleur garant du dynamisme qui nous anime.

La décontraction est un état qui s'acquiert : on ne peut être décontracté sur le moment, à l'instant de jouer, alors que des années de jeu crispé nous ont éloigné de cet équilibre fait de tonicité et de disponibilité. Aussi, pour un musicien qui a pris conscience de ses problèmes et qui tente d'y remédier en assimilant - avec plus ou moins de conviction et d'ardeur - les principes déjà évoqués d'équilibre corporel, d'approche intérieure de l'instrument et de perception des sensations, il importe de mettre en œuvre une démarche à long terme qui, seule, lui permettra de réaliser au moment de jouer cet état instantané de décontraction.

La première étape sur cette voie est avant tout une prise de conscience : chacun doit réaliser ce qu'il est, c'est-à-dire apprendre à ressentir les habitudes inconscientes de son jeu. Bien des instrumentistes, ne se rendant pas compte de leur état de contraction, attribuent leur handicap instrumental à une somme de problèmes techniques qui, au regard de la réalité, en sont bien éloignés. Cette inconscience est encore plus frappante chez ceux dont le tonus est faible, et qui n'ont pas le courage de remettre en question ce qu'ils font.

Il importe donc tout d'abord de se situer dans sa "famille de tempérament" qui peut aller de celle des hyperlaxes à celle des hypertoniques. Chacun a toujours une dominante de tension ou d'inertie avec laquelle il doit négocier. Le juste milieu est assez rare : l'un, hypotonique, aura davantage besoin de solliciter son énergie musculaire, tandis que l'autre devra chercher à se détendre. Quels que soient les tendances, il est nécessaire, au départ, de se déconditionner de toute approche partielle, crispée, et de toute précipitation à agir.

Apprendre la décontraction c'est tout d'abord, je l'ai dit à propos de la sensation, *laisser parler son corps*. Or, lorsqu'un musicien entreprend de remettre en cause ses habitudes et de décider consciemment de ce qu'il veut faire, il est souvent exagérément tonique, au point de vivre un certain déséquilibre à ce niveau. La focalisation de son esprit, le fait d'avoir à fixer son attention sur un geste, de prendre conscience d'une compensation ou d'une surcharge musculaire crée souvent un excédent de tension, une attitude un peu trop rigide et appliquée. C'est un inconvénient passager qui disparaît rapidement si nous veillons à respecter le rythme tension-détente et à ne pas nous figer intellectuellement et physiquement sur des sensations fragmentaires systématiques. Plus gênant encore - parce que plus répandu et moins passager - est l'état d'esprit qui consiste à exercer une volonté de fer, à "vouloir" à tout prix se conformer à un modèle pédagogique. Cette tension bien intentionnée vers le résultat est un *grand obstacle à la réussite,* puisque seule une certaine vacuité intérieure permet d'être à l'écoute de l'instant vécu. Cette volonté exagérée débouche sur l'idée de succès et d'échec, sur l'anticipation d'un jugement porté par autrui qui, immanquablement, crispe et angoisse. Celui qui ne peut se laisser aller, sans supputer ni calculer, comme un enfant, à la simple joie de ses découvertes, se ferme à une vraie décontraction.

Un autre état d'esprit est à proscrire si l'on aspire à la décontraction - et cette remarque en fera peut-être sourire plus d'un, tant elle peut paraître incongrue. C'est la mauvaise humeur. De même que l'on ne peut pas jouer sans un minimum de santé, celui qui n'est pas de "bonne humeur" verra tous ses efforts annulés. Quand les traits du visage sont crispés par le mécontentement intérieur, le reste du corps suit cette pente néfaste. Rien ne vaut l'esquisse d'un sourire pour détendre tout le corps et induire un état d'esprit positif. Sans "envie de jouer", sans un minimum d'ouverture et de créativité, bref, sans énergie intérieure, le tonus corporel nécessaire à la décontraction sera absent, refoulé par une mauvaise humeur destructive.

Si la décontraction exige un tel changement d'état d'esprit, elle nécessite également une préparation pratique et corporelle qui entretient le tonus tout en éliminant les tensions éventuelles. Il est souvent bien difficile de dire si la tension d'un musicien est due à son déséquilibre corporel ou si, au contraire, c'est sa prédisposition à une excessive contraction qui est la cause d'un tel malaise physique. Quelle que soit celle des deux tendances qui crée l'autre, il est évident qu'elles finissent par se nourrir l'une l'autre. Aussi est-il important, dès le début d'une remise en question profonde, de travailler en même temps la décontraction et la mise en place de nouvelles conduites. Corporellement, il est nécessaire de maintenir en place le dos et le squelette, qui donnent la "forme" et la structure du corps, indispensables au tonus de maintien. Mais, au sein de cette vigilance tonique, il ne faut pas négliger d'assurer la décontraction des membres, du plexus et des muscles de la cavité thoracique. Le calme et l'amplitude de la respiration, la liberté des gestes sont au prix de l'équilibre entre le tonus général du corps et la décontraction de certains groupes musculaires.

Une part importante de cet entraînement consiste à apprendre à ne pas gaspiller notre tonus là où il est inutile, mais à le concentrer sur la partie du corps concernée par notre action, en nous servant uniquement des muscles destinés au mouvement lui-même, sans en faire intervenir d'autres. A titre d'exemple, l'action des bras ne doit retentir ni sur le cou, ce qui compromettrait l'écoute, ni sur les épaules, ce qui détruirait la liberté des gestes, ni sur les reins, ce qui nuirait au centrage et à l'assise du corps. Lorsque l'on fait travailler un groupe de muscles, tous les autres doivent rester libres et détendus. Si on lève le bras, seuls les muscles concernés doivent agir, mais tout le reste y compris le coude, le poignet et les doigts seront complètement souples. Bref, il faut savoir agir avec un tonus attaché à l'action recherchée, mais qui ne se répercute pas sur l'ensemble du corps. Les boxeurs nous donnent un exemple frappant de cette indépendance musculaire. Leurs coups ont une efficacité qui est directement liée à la décontraction et à l'élasticité du reste du corps. A l'égal des sportifs, notre indépendance musculaire nous permet d'économiser l'énergie en n'utilisant, pour un mouvement, que les muscles adéquats ; notre tonus s'en trouve renforcé, et nous sommes alors en possession d'une "surpuissance" qui nous assure en permanence une sécurité de jeu.

En effet, pour intégrer réellement à notre corps le violon et l'archet, nous devons non seulement être capables de porter plus que les soixante grammes de la baguette ou les quatre cents grammes de notre instrument, mais également avoir un amplitude de geste bien supérieure à celle qui nous est nécessaire. C'est pourquoi la pratique de *l'alto* est excellente pour les violonistes, les forçant à développer leur puissance de jeu. Pas plus qu'une voiture n'est confortable lorsqu'elle roule à sa vitesse maximale, un jeu instrumental n'est stable lorsque le violoniste est aux limites de ses possibilités physiques. Nous devons également savoir doser notre décontraction d'après les besoins du moment. Il est très important, selon l'exercice ou l'œuvre à jouer, d'évaluer à quel degré de tonicité et de décontraction nous devons parvenir. C'est *en fonction* du caractère de l'œuvre, de la carrure de la phrase, des nuances ou de la durée de la période à jouer que nous devons mobiliser plus ou moins d'énergie ou la tenir en réserve. Notre type d'activité, notre dépense d'énergie sera-t-elle la même pour une promenade au clair de lune, un sprint, un parcours de fond ou une course d'obstacles ? L'appréciation de l'effort à engager permet au corps de faire face à ses besoins et de s'organiser.

En musique, il en est de même ; selon ce que l'on joue, on doit être plus ou moins "engagé" au niveau tonique, et l'excès ou le manque peuvent avoir des conséquences tout aussi fatales sur l'expression. Dans certaines séquences de caractère méditatif, intériorisé ou extatique, il faut être comme au sortir du sommeil ou du rêve, laisser faire, ne rien provoquer ni vouloir, mais se sentir "agi", comme si l'action obéissait à une pulsion du subconscient. Etat créatif par excellence, la décontraction domine alors dans ce moindre investissement de l'énergie. Dans d'autres cas, quand dominent l'élément rythmique, la force impétueuse ou la virtuosité acrobatique, il faut alors faire appel à une sorte d'organisation dynamique, à un rassemblement de vigueur, à un tonus très vigilant - qui de toutes façons n'excluent jamais la décontraction permanente, laquelle est un état de fond indispensable à toute action.

La pratique sérieuse d'une *relaxation* bien conduite sur le plan psychologique peut se révéler d'un puissant secours pour ceux qui ont du mal à désinvestir leurs tensions de leur contenu émotionnel, et ne parviennent donc pas à atteindre, par de simples prises de conscience, l'état de décontraction qu'ils recherchent. Mais la relaxation a d'autres implications très fécondes. En particulier, elle favorise un état de conscience supérieur, un intermédiaire entre la veille et le sommeil, développant considérablement notre puissance créatrice.

Arriver à une telle maîtrise de la décontraction, dans la conscience ou la méditation, est déjà source de mieux être. Mais rien n'est comparable au fait de réaliser cette décontraction dans l'accomplissement du jeu, c'est-à-dire lorsque les progrès dans l'apprentissage du violon ont été suffisamment poussés. Quiconque a le courage de faire l'effort nécessaire pour parvenir à un tel stade sera récompensé bien au-delà de ses espérances et en ressentira les répercussions dans tous les domaines. Une détente physique et spirituelle, bien réalisée, à la fois rend proche des êtres et des choses, mais en même temps atténue les effets néfastes des bruits ou des excitations parasitaires et dévitalisantes. Non seulement le jeu devient plus sensible, mais l'âme elle-même entre dans une sorte de vibration qui pourrait ressembler à une sympathie fondamentale avec tout le créé. Il semble que l'aisance enfin reconquise depuis l'état bienheureux de l'enfance, donne la précieuse certitude de disposer d'une énergie que l'on pourra appliquer où l'on voudra, accumuler ou résoudre avec un parfait contrôle dès lors que notre respiration, inséparable de la décontraction, n'élève pas d'obstacles.

Influence de la respiration

Tout comme les battements du cœur, le cycle respiratoire est une manifestation inconsciente de la vie. Il n'est d'être vivant qui ne respire, à tel point que le "souffle" est parfois assimilé à la vie. Mais, justement parce qu'il s'agit là d'une activité vitale dont il n'est pas question de se passer, notre respiration a lieu sans que nous y pensions. Malheureusement, il semble que nous ayons perdu sans le savoir la spontanéité d'une respiration absolument "normale" qui devait être celle de nos lointains ancêtres et que nous observons couramment chez les bébés, les animaux et durant notre sommeil. En conséquence, lorsque nous respirons de façon anti-naturelle, au mépris de la logique de notre corps, nous n'en avons généralement pas conscience. La respiration défectueuse est d'autant plus sournoise que nous ne la percevons que dans les cas de perturbation exceptionnels et fugitifs où interviennent l'émotion, le trac ou un effort exagéré. Or, elle ne cesse de conditionner notre comportement et notre manière de jouer, pour le meilleur et pour le pire! Nous ne pouvons donc y rester étrangers, mais devons au contraire apprendre à l'utiliser, à nous la concilier à tout moment.

Bien des spécialistes plus compétents que moi se sont penchés sur les problèmes de la respiration, en ont élaboré des techniques variées qui, d'ailleurs, ont toutes des implications dépassant de loin le cadre de l'apprentissage d'une bonne respiration. Mon propos n'est donc pas ici d'analyser à fond la respiration ou d'expliquer comment il faut la pratiquer. Je voudrais simplement mettre en lumière l'influence capitale qu'elle a chez les instrumentistes - malgré eux la plupart du temps - et en conséquence montrer la place qu'elle pourrait prendre dans l'enseignement des instruments à cordes. Là encore, mes observations quotidiennes me démontrent à chaque instant les effets pernicieux de la mauvaise respiration sur le comportement instrumental des violonistes. Précisons d'emblée que décontraction et respiration sont absolument indissociables, et qu'on ne peut s'occuper de l'une sans passer par l'autre. Certains musiciens ressentiront davantage les inconvénients d'une tension excessive, d'autres ceux d'une respiration malaisée, mais quel que soit le point défectueux sur lequel leur sensibilité particulière les alerte, ils devront, pour en espérer l'amélioration, envisager le double aspect d'un problème dont ils ne perçoivent personnellement qu'une partie.

Les instrumentistes à cordes, habitués à n'utiliser qu'une faible partie de leur souffle, ne mesurent pas les incidences considérables de la respiration sur le jeu. Les chanteurs et les instrumentistes à vent savent bien, eux, que sans une respiration placée, sans leur fameuse "colonne d'air", il n'est pas pour eux d'émission sonore convenable. Ils savent aussi que faute de savoir "jouer" avec aisance de leur respiration, ils ne peuvent ni phraser, ni faire de la musique. L'instrumentiste qui s'exprime avec un archet ignore souvent que la beauté, la profondeur et surtout l'émotion de sa sonorité est, elle aussi, fonction du calme et de la juste utilisation de son souffle. Il ne pense la respiration qu'en termes négatifs, comme une gêne ou un obstacle à éliminer éventuellement, non comme un élément constructif du jeu. Pourtant, un violoniste dont le rythme respiratoire n'est pas ample et détendu ne peut envisager de confort ni d'aisance dans son jeu, encore moins d'expression sincère... Ne dit-on pas d'une interprétation particulièrement chaleureuse et authentique qu'elle "a du souffle" ? La respiration n'est pas seulement une nécessité technique, sans laquelle on ne peut être "placé" corporellement. Elle est avant tout nécessité artistique, tout comme la décontraction.

Les musiciens, ainsi que l'ensemble des artistes qui s'expriment à travers leur corps - acteurs ou danseurs -, sont tributaires de leur respiration, à mi-chemin du conscient et du subconscient, du bas et du haut du corps, du physique et du spirituel. Si la respiration est intérieure, profonde et calme, elle est le ressort d'une énergie vitale intarissable. Si par contre elle est courte, mal placée ou inhibée, elle perturbe le métabolisme, paralyse le mouvement, bloque la relation entre le bas et le haut du corps et nous prive donc d'une communication réelle avec la richesse créative de notre inconscient.

Or, que de violonistes sont victimes de cette petite respiration courte, logée exclusivement dans le haut des poumons, cause principale du "mauvais trac" ! Ils s'essoufflent en jouant - au pire étouffent - et au mieux, ont un jeu dont on dit qu'il "manque d'air". Un artiste qui ne respire pas nous communique sa gêne. Nous avons tous ressenti dans certains concerts ce sentiment d'asphyxie qui nous donne envie de quitter notre fauteuil pour "prendre l'air" parce que l'oppression du musicien nous devenait insupportable.

Et pourtant, la "respiration" reste ignorée de l'enseignement traditionnel du violon, comme si elle n'était réservée qu'aux "souffleurs", c'est-à-dire aux instrumentistes à vent. Allez donc parler à un violoniste de sa "colonne d'air"...

Face à une telle carence, que peut-on faire ? Comment remédier à une respiration défectueuse ? A quelques rares exceptions près, la capacité respiratoire des musiciens est normale. Il n'y a aucune impossibilité organique à rétablir une respiration saine ; il n'est qu'à voir la même personne bloquée pendant la journée - et peut-être plus au violon qu'ailleurs - retrouver durant la nuit un rythme respiratoire calme et régulier...

Le défaut dans la respiration peut avoir essentiellement deux causes. La première est l'ensemble de toutes ces mauvaises tenues dont nous avons longuement parlé et qui compriment l'appareil respiratoire : à la suite d'habitudes héritées parfois de leur enfance, les musiciens, surtout s'ils ont le trac, remontent les épaules ou les bras, dévissent la taille, et se coupent en deux, devenant des "hommes-troncs" incapables de respiration profonde, perdant tout contact avec leurs forces vives. Même s'il est parfois difficile de démêler la cause de l'effet entre les aberrations intrumentales et la mauvaise respiration fondamentale (ce qui était déjà vrai de la décontraction), on peut dire de ce type de blocage respiratoire qu'il a une origine essentiellement fonctionnelle (par opposition au second). En effet, les problèmes respiratoires de certains instrumentistes peuvent avoir des fondements purement psychologiques, voire affectifs. Il arrive que la liberté de la respiration soit entravée par des blocages associés à des réactions de faiblesse et d'infériorité, à un besoin de dépendance, ou encore à une attitude paradoxale de refus vis-à-vis du bien-être et du plaisir. Quelle que soit leur origine, ces manifestations traduisent toujours une angoisse profonde. Elles engendrent à leur tour des tensions et des crispations qui empêchent le relâchement musculaire vers le bas et provoquent là encore les mêmes inconvénients de coupure, de division de l'être. Dans les deux cas, les violonistes ne sont pas toujours conscients de leur véritable problème, et attribuent plus volontiers leur gêne respiratoire à une insuffisance de "technique" qui les paralyserait... S'ils savaient combien c'est souvent l'inverse, et de quelles facilités bénéficierait leur "technique" s'ils respiraient bien !

Il faut être très prudent en faisant prendre conscience à quelqu'un des véritables fondements de sa respiration, qui le mettent en cause plus qu'on ne le croit. Aucune remarque désobligeante sur un défaut dans la respiration ne peut donc être faite à la légère sans danger. A fortiori, aucune espèce de technique de respiration ne doit être proposée, sans préparation, à un musicien qui n'est pas naturellement détendu, ou qui n'est pas parvenu par un travail sur lui-même à un niveau suffisant de décontraction. A ne pas tenir compte de ce qu'un élève peut supporter, on risque de le bloquer définitivement, de provoquer en lui des tensions insupportables qui le rendent encore plus inapte à une quelconque action. Il est donc préférable de ne pas attaquer la respiration "de front" et de l'envisager comme la conséquence d'un état tonique décontracté et confiant, quitte, dans les cas extrêmes, à conseiller avec toute la prudence requise une aide thérapeutique si elle s'avère nécessaire.

Tous les instrumentistes qui ne sont pas en harmonie avec leur respiration, qui ne la ressentent pas comme le poumon de leur expression, doivent savoir que l'on peut à tout âge apprendre à la maîtriser, à la mettre de son côté, afin que tout geste instrumental puisse se transformer en geste vocal directement branché sur la musique. Ceux qui ont abordé même superficiellement le yoga, les techniques d'expression corporelle ou même, en ce qui concerne les femmes, "l'accouchement sans douleur", connaissent la place qu'y tient la respiration et savent que chacun peut faire appel selon les besoins de l'organisme à un double type de respiration.

On les appelle fréquemment "grande" et "petite" respiration, la grande correctement pratiquée étant celle qui rend possible et efficace la petite, essentiellement "abdominale". La respiration ne se limite pas au volume des poumons. Elle met en jeu le tronc tout entier, depuis le nez jusqu'à l'anus, dans une synergie musculaire complexe et admirable qui apparaît comme une immense vague qui monte et descend le long du tronc, sans délimitation de frontière entre le bas et le haut. C'est en fait celle que nous observons dans le sommeil (dont nous parlions tout à l'heure). Pour qu'à l'état de veille elle ne soit pas limitée à la partie haute des poumons, c'est-à-dire à une ouverture et à une fermeture des côtes isolées du ventre, qui produit cette séparation si néfaste entre le haut et le bas, il importe que la partie abdominale soit suffisamment libre et détendue pour permettre à chaque inspiration un léger gonflement du ventre, indispensable au libre jeu du diaphragme. L'inspiration consiste alors en une tension active du diaphragme, liée à une détente des muscles abdominaux et pelviens tandis que l'expiration se fait par une tension active de ces mêmes muscles abdominaux repoussant vers le haut le diaphragme alors détendu.

Cette alternance rythmée de contractions et de relâchements, qui entraîne toute la masse abdominale dans un flux et reflux constant, est le mécanisme fondamental et absolument naturel de la respiration à l'état de détente. Le centre virtuel de ce mouvement - qui est le véritable centre de la respiration - se trouve donc au milieu du ventre et pas du tout dans la poitrine où se trouvent les poumons (qui n'en sont pas moins le lieu réel de la fonction respiratoire !...).

L'expiration, qui est de longue durée, est liée au travail actif de la musculature extérieure du tronc, et spécialement du ventre. C'est, en règle générale, la phase respiratoire qui s'accorde au temps de l'effort le plus intense, à l'activité et à la continuité du mouvement : tous ceux qui font des efforts physiques savent que c'est l'expiration qui leur donne la force nécessaire. Malheureusement, le violoniste n'en sait pas autant et si, d'aventure, il lui vient à l'idée de contrôler sa respiration, il se braque alors sur l'inspiration... Pourtant, inspirer de grandes quantités d'air sans contrepartie d'expiration n'a jamais été reconnu pour ses bienfaits : c'est l'excès d'inspiration qui bloque l'air dans les poumons, perturbe les gestes et favorise le trac.

Lorsque, après des prises de conscience persévérantes et sans éclat, la respiration commence à s'installer, lorsque la confiance remplace les peurs et les crispations, il est alors possible de "jouer sa respiration", comme le chanteur ou l'instrumentiste à vent, en suivant les impératifs de la musique. Il ne nous reste plus qu'à établir des choix en fonction de l'effort à fournir puisque nous disposons dans le jeu de tout un clavier qui nous permet, selon la partition, de ne pas faire appel toujours au même type de respiration. De même (nous l'avons dit à propos du tonus) qu'on ne s'organise pas de la même façon pour un sprint ou pour une course de fond, de même on mobilisera sa respiration à tel ou tel niveau selon les besoins de l'effort à fournir, adaptant la respiration à l'amplitude du geste. On n'entame pas le concerto de Brahms, qui réclame une considérable réserve d'énergie, comme le final d'une sonate de Mozart, constitué de touches précises et délicates. Dans un cas, l'inspiration préalable à une grande respiration mobilisera le thorax tout entier, afin de jouer avec toute la force désirée sur une expiration de longue durée. Dans l'autre cas, il suffira d'une beaucoup plus faible inspiration de départ qui sera plus appropriée à un travail de détail... Mais, de toutes les façons, c'est toujours sur l'expiration qu'il faudra jouer, le geste ayant été *préparé* par une inspiration adéquate préalable.

Notre respiration doit, en fait, prendre modèle sur celle du chanteur qui respecte le phrasé, ce qui est déjà un gage de sa compréhension du texte musical. Comme lui, nous devons tout *dire* comme dans un langage parlé, inséparable de l'expiration (à moins de s'étrangler !). Souvent, dans certains textes et particulièrement dans la musique de chambre, de petites notes d'accompagnement toutes simples, posées entre deux silences, paraissent plus difficiles à jouer que de grandes séquences de virtuosité. Ces notes ponctuelles et chargées de sens pourraient être fines et expressives et non, comme souvent, effleurées et maladroites, si la respiration était préparée, c'est-à-dire si le soupir qui précède la note était non pas inspiré par "réflexe", mais intentionnellement expiré pour l'entraîner et la "dire" dans la foulée. Plus particulièrement, ce sont ces soulèvements des côtes et des bras, dus à une "grande inspiration" mal placée avant de jouer, qui sont la cause des tremblements ou de l'insécurité de l'archet. Nos mouvements respiratoires ne devraient jamais avoir de répercussion sur la hauteur des bras, puisque la respiration est l'affaire du devant du corps, tandis que le geste instrumental, nous l'avons précisé, est enraciné dans la musculature du dos. Plus le poids du corps est harmonieusement réparti sur les pieds, favorisant la relation avec notre centre de gravité, plus fluide est la respiration. Le buste qui surplombe le bassin lui garantit de ne plus se bloquer dans le haut du corps.

Lorsque les obstacles à une respiration normale ont été levés après un travail approprié et que les tensions parasitaires sont relâchées, la régularisation du souffle *se fait d'elle-même* dans le jeu, sans aucun effort conscient. Il suffit alors de conserver un certain contact avec sa respiration pour être capable de relâcher instantanément toute tension superflue qui pourrait renaître accidentellement. Cette adéquation de la respiration au jeu est le meilleur gage d'une interprétation sincère : «respire ton texte, tu sauras le dire», disait souvent Jouvet à ses élèves. Dans le "laisser-faire" de l'inspiration, dans la disponibilité à cet air qui pénètre de lui-même, on peut introduire l'idée d'une réceptivité à l'inspiration dans son sens créateur. C'est cet état privilégié que nous vivons à certains moments du jeu lorsque nous quittons le domaine du "faire" pour éprouver celui du "laisser-faire". C'est alors que la détente nous permet une parfaite coïncidence avec le centre de nous-même et libère nos forces créatrices.

La concentration

L'une des conséquences immédiates de la décontraction et de la bonne respiration est de nous permettre l'accès à la concentration. De même que la décontraction est très souvent confondue, nous l'avons vu, avec un relâchement général, la concentration est indûment assimilée à un paroxysme d'attention, à une vigilance intérieure sans défaillance, qui ne sont en fait que crispations de la pensée. Loin d'être mollesse du corps et crispation de l'esprit, décontraction et concentration sont deux états inséparables, qui engagent l'individu tout entier. La concentration est d'abord disponibilité, ouverture vers soi-même comme vers l'extérieur. A l'écoute de soi, on apprend à libérer tout un potentiel d'énergie insoupçonné. L'expression artistique, nous y revenons sans cesse, est une force dirigée de l'intérieur vers l'extérieur, un mouvement d'énergie venu du plus profond de nous-mêmes, que nous tentons de traduire. Si le chemin de la communication avec nous-mêmes est bloqué, il n'y a pas d'écoulement possible pour cette énergie qui se transforme alors en tensions et crispations.

S'il n'est pas de "techniques" toutes faites qui puissent conduire le violoniste à se concentrer, il est en tout cas des prises de conscience physiques et psychiques qui en facilitent l'accès. Nous savons, pour l'avoir vu maintes fois, que si le corps se plie aux exigences de l'imagination, en revanche, son équilibre, sa centration permanente est la condition du bon fonctionnement de l'esprit. La concentration, directement liée à l'état créatif, est avant tout ce retour en soi sans lequel un interprète ne saurait exprimer que des émotions superficielles. Elle doit donc faire l'objet d'une démarche privilégiée de la part des musiciens.

Se concentrer, c'est donc avant tout revenir au centre du corps et s'y *établir* au lieu d'être le jeu de forces divergentes et contradictoires. Le Hara dont parlent les orientaux, et surtout les japonais, est le point crucial de notre corps. Situé à la charnière lombo-sacrée, il coïncide avec le centre de gravité. Le Hara n'est pas un organe précis que l'on pourrait situer anatomiquement, il est le lieu physique où se concentre notre force, où se fonde notre stabilité. Etre "placé", c'est être dans son Hara, avec son centre, *concentrum*. Lorsque nous parvenons véritablement à établir cette concentration dans son acception littérale, ce qui implique que nous soyons décontractés, fondés dans une assise juste, et que notre respiration soit placée, nous détenons alors une force et un pouvoir bien supérieurs à ce que nous pouvons réaliser en temps normal. Loin de n'être plus qu'un intellect tout puissant, nous devenons une intégralité qui nous met sur une voie de progrès illimités. C'est pourquoi la musique, art de l'instant qui n'autorise ni retouches, ni remords, exige de nous un investissement et une disponibilité totale qui ne peuvent être fondés que sur notre concentration au sens physique du terme.

La valorisation de l'abdomen n'est pas pure fantaisie. Le ventre est l'état le plus primitif de l'évolution dans la structure du corps humain. Il est à l'origine de la vie et de la reproduction, le lieu de rassemblement du haut et du bas, de la droite et de la gauche, le départ de nos bras et de nos jambes. Ne parle-t-on pas "d'avoir les reins solides", "d'avoir du cœur au ventre", et même "d'avoir des tripes", locutions qui témoignent de l'importance accordée à cette région du corps. Penser avec l'abdomen signifie abaisser le diaphragme pour laisser le champ libre au fonctionnement correct des organes du thorax et conserver ainsi le corps affermi et convenablement disposé à l'action musicale, empêchant que celle-ci ne devienne objet de pure intellection. Avant d'être familiarisés avec cette concentration physique, il est souvent utile de réveiller cette région abdominale qui échappe volontiers à notre contrôle conscient pour des raisons d'éducation et de fausse bienséance. Nous pouvons alors solliciter la musculature de notre bassin, nous exercer à des alternances de contractions et de relâchements qui aiguisent la sensation. De même, il est efficace de pratiquer une légère poussée vers l'avant qui favorise "l'assiette" et donne aux jambes une décontraction supplémentaire qui permet d'accéder plus librement à la conscience abdominale.

Certaines images mentales peuvent être bien utiles à l'interprète qui apprend à se concentrer. Ainsi, lorsque nous imaginons notre corps semblable à une sphère, où les distances entre haut et bas, devant et derrière, droite et gauche seraient minimales et où chaque point du corps serait relié à un point central, nous nous mettons sur la voie de cette centration sur le Hara. Contribuent de même à la concentration les images selon lesquelles nous ressentons toute l'énergie du "haut" du corps couler, descendre dans le corps et le nombril, ou bien encore cette sensation de marcher sur les mains, c'est-à-dire de faire perdre à la tête son rôle de chef. Toutes ces images sont riches de suggestions...

Mais la concentration n'est pas seulement une réalité physique ; elle est aussi une attitude mentale, et il ne suffit pas de prendre conscience de son corps ou de vivre ce sentiment de centration dans le Hara. La véritable concentration exige aussi de la part de l'interprète un changement d'esprit qui ne s'effectue pas en un instant, mais tout au long du travail instrumental. Elle s'acquiert à travers lui, par lui, jusqu'à l'identification complète : chaque "présence" à une sensation vraiment vécue, chaque minute de disponibilité active au service d'une recherche particulière, chaque rappel de nous-mêmes est un instant de vraie concentration que nous créons. Quand beaucoup d'autres instants semblables viennent s'y ajouter - mis et remis à l'épreuve de toutes les distractions qui ne manquent pas - alors se crée en nous une réelle possibilité de *concentration instantanée*, une force qui nous permet de "tenir" sans être submergés par les émotions extérieures. C'est pourquoi, comme nous l'avons souvent suggéré, il est important de créer en nous un climat nouveau d'où sont exclues la nervosité, l'impatience, les contestations bavardes avec nous-mêmes, qui sont les plus grands obstacles à la naissance de la concentration parce qu'elles ferment la porte à la réalité vécue.

L'apprentissage de la concentration doit permettre de se retrouver soi-même en toutes circonstances et de n'être plus tributaire des émotions provoquées par un résultat, un jugement, un moment à venir. C'est pourquoi tout le travail de l'instrument est un *chemin* vers l'état de concentration que nous cherchons, chemin en pointillé fait de tous ces multiples instants vécus, où nous nous sommes pleinement donnés - où nous avons cherché à réduire toujours davantage la part de hasard et d'énervement, pour nous rendre vraiment disponibles.

Tous ces exercices de centration physique et de localisation de l'attention ont une même finalité, qui s'exprime à la fois de façon très ponctuelle et de façon quasi intemporelle. En effet, la concentration est à la fois cet état instantané où l'artiste se retrouve lui-même, et la capacité qu'il a de faire abstraction des événements et des situations. D'un côté, la concentration se vit, de l'autre elle s'apprend. Nous sommes tous concernés par la concentration, par ces moments d'unité intérieure où nous nous sentons vivre à la limite de nous-mêmes, dans une unification complète de l'organisme. Mais l'artiste - et particulièrement le musicien, comme le comédien ou le danseur - en est encore plus dépendant, puisque son art requiert une émotion non seulement intense, mais qui doit venir au moment voulu. Le peintre ou le sculpteur n'a pas à créer son œuvre en un temps donné, à un instant donné, tandis que le musicien doit parvenir à cet état d'expression *au moment de jouer* qui est un moment "unique".

La concentration est cet état privilégié qui, s'il ne garantit pas la richesse d'inspiration, la favorise et lui permet d'apparaître. La concentration est l'image du temps concentré ; elle est le résultat instantané de tout le travail antérieur, de tous les efforts de l'interprète. Elle est la seule chose qui reste lorsque toute trace de cette préparation a disparu. Il est trop tard, sur le moment, pour changer ce qui a été fait, c'est-à-dire pour renier son propre travail. Dans l'état de concentration se trouve condensé le passé musical de l'interprète, son passé instrumental. Il n'est plus besoin de faire appel à sa mémoire, d'aller chercher des éléments de technique, puisque tout est là, tout est présent.

La concentration est donc aussi cette possibilité de lâcher prise, d'abandonner le mental, de faire confiance à ce qui *est* pour coïncider totalement avec l'action et vivre l'instant présent. Pour parvenir à cet état optimum où nous sommes concentrés, il faut, nous ne le dirons jamais assez, être libres de tout souci, celui du résultat comme celui du jugement d'autrui. Cette sensation de *disponibi-*

lité, de totale réceptivité à la créativité de l'instant, constitue l'état idéal vers lequel devrait tendre tout musicien, conscient d'être un messager du divin...

Celui qui a été suffisamment patient pour apprendre à se concentrer tout au long de son travail d'apprentissage devient capable en deux secondes, et quelles que soient les circonstances, de se rassembler pour pouvoir exprimer dans l'instant l'essence même de la musique. Lorsque naît un tel sentiment de liberté intérieure, le jeu comme le travail deviennent, sans effort, sources de joie et de création permanente. Il est alors possible de parler sans imposture d'interprétation et d'expression musicale.

L'interprète et l'expression musicale

L'interprète a mission de faire "vivre" une œuvre, de traduire les sentiments que ce texte fait naître en lui : chaque phase de son travail est tournée vers le moment unique où, confiant dans ses possibilités, il délivrera la musique telle qu'elle est et telle qu'il la ressent. Même chez des violonistes qui n'ont pas de contact fréquent avec le public, la musique reste tendue vers la plus riche et la plus fidèle expression possible, et cette recherche demeure le ressort du travail quotidien. Toute l'éducation musicale devrait donc contribuer à faire du musicien un artiste total qui sache traduire son message avec clarté et émotion. Or, il semble justement que ce but ultime soit souvent bien oublié dans l'enseignement musical, même lorsqu'il est dit "supérieur". Il y est plutôt question de performances au niveau de la vitesse à acquérir, de virtuosité pure et de difficultés à surmonter. Les œuvres dites faciles, les andantes ou adagios de concertos, sont tenus en assez grand mépris et l'on s'occupe davantage de perfectionner les "doigts". L'élève s'engage peu dans sa démarche, il se contente passivement de recopier avec zèle les doigtés du professeur, ses nuances et ses rubatos, sans garder la liberté de comparer avec d'autres conceptions, et sans prendre personnellement d'options fermes quant à son interprétation.

Dans la plupart des concours qui sanctionnent la fin

d'une période d'études à quelque niveau que ce soit, nous n'entendons pour ainsi dire que des musiciens obnubilés par leur texte, comme l'écolier paniqué par la récitation qu'il doit dire sans faute - je n'ose pas dire le plus vite possible - et "avec le ton qui convient". La musique, pour eux, se traduit surtout en "heures" de travail solitaire sur "le" morceau ou "le" programme, parfois durant des mois... Tous les à-côtés de ce travail - y compris la musique de chambre qui permet avec des camarades d'accéder à une littérature fascinante - sont presque tenus pour des distractions coupables. Je reçus un jour une jeune violoniste anglaise venue me demander si certains de mes élèves ne voudraient pas faire du quatuor car, disait-elle, « je ne peux débaucher personne ». Et d'un accent inimitable, elle ajouta, l'air ingénu : « c'est bizarre, les français n'ont jamais rien à jouer ; toujours ils "préparent". J'arrive trop tôt ou trop tard : ils ne savent pas encore ou ils ne savent plus... et surtout ils n'ont jamais de temps pour la musique ».

Comment s'étonner qu'après une formation aussi rétrécie, certains musiciens ne produisent que des concerts bien souvent décevants où nous recevons peu en échange de notre présence : de temps à autre une exécution parfaitement correcte et parfois - bien que plus rarement - une véritable exhibition personnelle où l'artiste néglige l'œuvre pour se mettre en vedette. Le public est victime d'une affligeante dichotomie en matière d'interprétation musicale ; la précision du jeu et du travail bien fait semble incompatible avec l'émotion réelle et l'imagination. Or, le perfectionnisme sans âme n'est pas plus satisfaisant que le pathos sans scrupule... Bien entendu, ceci n'est pas une règle générale, et de merveilleux artistes aussi bien que des formations de grande qualité savent emporter l'adhésion de l'auditeur parce qu'ils croient à la musique qu'ils jouent et la jouent bien. Il n'est pas question d'exiger de l'interprète qu'il nous procure à chaque fois un "grand moment". Mais l'ennui, qui est malheureusement monnaie courante, est peut-être le pire des crimes en musique. Les musiciens classiques, inhibés par la sécheresse de leurs études, manquent de ferveur, et n'ont aucune préparation pour vivre la musique physiquement et émotionnellement. Que ne prennent-ils exemple sur les musiciens de jazz, les groupes de *pop music* ou les formations de musique traditionnelle qui vivent réellement ce qu'ils jouent et ont un visible plaisir à établir une communication avec le public ! La pratique de l'improvisation pourrait également apporter beaucoup à ces interprètes qui oublient trop facilement que la musique écrite n'est pas faite pour rester figée : leur rôle est justement de la faire "revivre" au sens fort, à travers leur personnalité et leur subjectivité de musicien.

Bien souvent l'absence de réelle interprétation musicale est due à l'importance prise par des problèmes techniques qui devraient être déjà résolus : nous l'avons déjà dit, sans équilibre postural, sans présence à soi-même, l'artiste ne peut jouer son corps, et ne peut être pleinement à l'aise dans la musique.

S'occuper d'interprétation dans un cadre pédagogique consisterait donc à donner au musicien une formation large et ouverte qui lui permette de "jouer", de "danser" la musique dans un bonheur communicatif. Le musicien traduit avec des notes ce qui ailleurs est dit avec des mots, et doit donner l'illusion d'être la musique qu'il joue : toutes les ressources dramatiques de la musique ne peuvent se révéler que si l'interprète éprouve émotionnellement et physiquement ce qu'il joue, le fait vivre par des gestes vivants, qui dansent souplement sur son instrument.

Le chanteur, le danseur, le comédien sont obligés de s'engager intimement dans l'action, l'un à cause de l'équilibre de son corps et de l'élan qu'il doit lui imprimer, l'autre à cause du nécessaire placement de sa voix et de la respiration qui le met en contact avec son "centre". Seul l'instrumentiste, même d'un haut niveau de compétence, peut rester à l'abri derrière son instrument et exécuter proprement - expression dont le cynisme contient quelque vérité - une œuvre sans se mettre lui-même en cause. L'interprétation est un problème de fond qui intéresse la formation totale de l'individu, son niveau affectif, intellectuel, culturel, son imagination créatrice, sa possibilité de vibrer physiquement. Ce n'est donc pas seulement une affaire de connaissance.

Dans le théâtre et dans la danse, il semble que les liens entre la vie intérieure et l'expression du corps soient devenus évidents pour les pédagogues. Pourquoi l'apprenti musicien n'aurait-il pas à sa disposition, dans le cadre de ses études, des cours de danse, de comédie, de mime, de chant, d'arts martiaux, de yoga, etc... pour lesquels il pourrait opter selon ses préférences? L'analyse musicale et l'histoire de la musique sont certes des matières très utiles (à condition de ne pas les envisager trop théoriquement) et l'on peut se réjouir de les voir aujourd'hui figurer au programme des études musicales. Mais combien utile aux musiciens serait également la création de quelques disciplines corporelles de base. Car c'est là, à coup sûr, qu'ils pourraient développer en eux une puissance intérieure et une élasticité qui donneraient du champ et de la fécondité à l'expression musicale.

Mais bien plus que l'apprentissage de la musique, c'est l'esprit dans lequel celui-ci s'effectue qui devrait évoluer. Comment admettre qu'un jeune artiste soit déjà blasé, à peine intéressé par ce qu'il joue, aigri avant de commencer et frustré de ne pouvoir faire la carrière qu'on lui faisait miroiter dans une illusion trompeuse? Ne pourrait-on changer l'atmosphère qui règne dans les classes d'orchestres, où le rôle d'instrumentiste du rang qui sera celui de bien des musiciens est dévalorisé, rabaissé. Il n'est que de voir ce qu'un grand chef *habité* par la musique peut faire avec des musiciens par son seul contact et son seul fluide pour imaginer quels résultats pourraient être obtenus avec des jeunes auxquels on donnerait un véritable espoir de "musique" : obtenir son prix est certes une chose importante, mais vivre la musique l'est encore plus. L'idée même du plaisir, la joie de "faire de la musique" est trop souvent remplacée par une routine et un pseudo-professionnalisme froid et sec.

On ne peut aider les apprentis musiciens à devenir de véritables artistes sans changer l'esprit dans lequel la musique est abordée et remettre en question l'échelle des valeurs. Il s'agit avant tout de développer chez le musicien une qualité de présence effective en face de l'œuvre qu'il joue aussi bien seul que collectivement. La moindre des choses pour un interprète est de se sentir *concerné* par la musique, et de participer activement à sa réalisation. Si le fait musical était ainsi vécu par une approche fervente, non seulement les interprètes en tireraient un profit personnel sur le plan de leur équilibre, de leur santé et du plaisir qu'ils ont à jouer, mais la qualité artistique des interprétations s'en ressentirait fortement sans travail supplémentaire.

Face à une œuvre, l'élaboration de l'interprétation est sans doute la démarche la plus profondément individuelle qui soit : plus que partout ailleurs il serait dérisoire et présomptueux de donner des recettes afin d'obtenir "la" meilleure interprétation. Par contre, l'interprétation exige à tous les niveaux et dans toutes les œuvres sans exception que le musicien s'interroge sur l'orientation qu'il veut donner à la musique qu'il joue et sur les moyens dont il dispose pour la réaliser. Trop souvent les musiciens - et pas toujours les plus jeunes d'entre eux - se contentent de "travailler" une partition, c'est-à-dire d'en surmonter les difficultés, et ne font qu'y ajouter par la suite un "cachet" personnel. Or, c'est dès le départ, dès le premier contact avec l'œuvre, qu'une interprétation prend forme. Il est donc nécessaire de *s'engager* aussi bien en face de la lecture du texte que des moyens choisis pour le faire vivre.

Deux questions doivent guider l'interprète dès les premiers instants de sa démarche : "Que dire ?" et "Comment le dire ?". Articuler une interprétation autour de deux questions aussi évidentes peut sembler bien simpliste, et cependant beaucoup de musiciens reconnaîtront qu'il n'est pas superflu d'en dégager clairement les implications. Qu'ils se souviennent de toutes les fois où, le violon déjà sous le menton, ils se sont précipités sur le texte à déchiffrer, sans que le contenu de l'œuvre les ait effleurés, ayant à peine regardé l'armure, s'énervant sur la première difficulté avant même d'avoir fait "le tour du propriétaire".

Une telle précipitation, qui fait passer directement le texte de l'œil aux doigts, risque fort de tuer dans l'œuf l'interprétation : sans prise en charge intellectuelle et émotionnelle, le musicien reste prisonnier de ses réflexes et ne peut plus prendre objectivement en considération la véritable substance de l'œuvre. L'interprétation est alors bloquée, et l'élan initial retombe faute d'avoir été nourri des richesses profondes de l'œuvre : l'interprète s'est joué lui-même et, de la meilleure foi du monde, a laissé la musique de côté. Bien peu acceptent plus tard de faire le retour en arrière qui s'imposerait, mais qui est alors vécu comme une frustration.

La formulation d'un *projet* concernant l'œuvre est donc absolument nécessaire à toute interprétation. Cette réponse au "que dire" ne sera pas la même selon les artistes et selon l'expérience de chacun : il est souvent instructif d'entendre comment un grand artiste peut considérablement évoluer dans l'interprétation qu'il donne d'une même œuvre à plusieurs reprises dans sa vie. Mais quelles que soient les oppositions, les partis pris inconciliables dont une musique est susceptible, les vraies interprétations reposent toujours sur une connaissance profonde de l'œuvre. Tout en passant par la subjectivité de l'interprète, elles exigent cependant un travail d'analyse accompli sur le texte lui-même, avec l'emploi éventuel d'un dictionnaire et d'une grammaire appropriés. Quelle forme musicale, quel caractère, quelles tonalités, quelles indications ? Ces interrogations élémentaires doivent néanmoins être posées et mûrement réfléchies. Il importe de se défier des premières impressions hâtives et partielles que nous avons d'une œuvre, surtout s'il s'agit d'une œuvre connue. L'interprète doit, sans a priori, évaluer la physionomie de l'œuvre, en saisir l'architecture, les carrures, les articulations, en différant son impatience à la jouer sur l'instrument.

La musique étant par nature éminemment abstraite, même la musique dite descriptive est à décoder complètement. Notre plus grand travail est de trouver non seulement son "super-objectif" qui, comme le disait Stanislawski à ses comédiens, doit déterminer toute la tonalité affective de l'interprétation, mais aussi tous les reliefs incidents qui s'y inscrivent. Ce travail, pour théorique qu'il puisse apparaître, n'est pas superflu. Il est d'observation courante qu'une œuvre n'est docile à l'exécution que si celle-ci l'achève conformément à son essence véritable. Il faut donc retrouver le "donné" de l'œuvre et s'en nourrir avant de penser particulièrement à l'existence que lui confèrera l'exécution. Lorsque le "in" est bien chargé, l'explosion vers le "ex" devient une évidence. C'est une grande force de pouvoir penser et construire une interprétation sans triturer l'instrument, sans gâcher de notes, et de "mentaliser" l'œuvre musicale comme le font le peintre ou le graveur qui sculptent leurs volumes et composent intérieurement leurs "valeurs" avant de les projeter sur la toile ou sur le cuivre.

La *lecture silencieuse* du texte est un moyen privilégié d'analyser la partition, de chercher honnêtement à en dégager la structure mélodique, harmonique et rythmique. L'artiste qui "sait ce qu'il fait" et possède la patience profonde des créateurs peut gagner beaucoup de temps et faire progresser son interprétation en travaillant l'œuvre sans instrument, à tout moment, aussi bien le soir dans son lit, qu'en voyage dans le train ou l'avion. Ainsi à l'abri des séductions sonores et des difficultés techniques, il pourra assimiler l'œuvre comme il le désire, tel un chef d'orchestre préparant son interprétation sur la partition, avant de faire travailler l'orchestre.

Les jeunes instrumentistes n'ont bien souvent pas cette patience, signe de maturité. Mais, en les y incitant, on faciliterait à court terme l'assimilation de l'œuvre, et à long terme la réalisation de leur autonomie et de leur sensibilité créatrice.

Une autre exigence indispensable consiste à replacer la partition dans son contexte, c'est-à-dire dans l'ensemble des parties, qu'il s'agisse d'un orchestre, d'un piano ou d'autres instruments solistes. Les instrumentistes à cordes, tout comme les chanteurs, oublient souvent cet aspect de la musique dans la mesure où l'écriture linéaire de leur instrument les dispense de chercher et de comprendre la polyphonie de l'œuvre. Dans un concerto, la maîtrise de la partition d'orchestre fait partie de l'interprétation, non seulement pour "connaître les rentrées", ce qui est un aspect élémentaire des choses, mais pour saisir l'œuvre dans son unité et pouvoir donner à sa voix la place qui lui revient au sein du concert général. Le musicien est trop souvent muré dans sa propre prestation ; même en musique de chambre, il est courant de voir des instrumentistes cachés derrière leur pupitre, l'œil rivé sur leur partition, renfermés dans une attitude quasi-autistique les coupant de la réalité environnante, et par là de la musique.

Les connaissances historiques ne sont pas non plus à négliger dans l'étude d'une partition, et il peut être important pour l'intelligence d'une œuvre de connaître les circonstances de telle composition ainsi que les traditions et la sensibilité musicale de l'époque. Mais il ne faut pas exagérer la portée de ce qui reste un "savoir", alors que la compréhension de l'interprète relève d'un jugement esthétique et d'une réaction émotionnelle.

Faisant suite à la compréhension silencieuse de la partition, la lecture sur l'instrument devient la réalisation, ou plus exactement *l'accomplissement sonore* de la lecture silencieuse préalable et nous permet de vérifier clairement nos intuitions, tant il est vrai que la pensée ne prend vie qu'avec le langage parlé qui la réalise. Si la première lecture instrumentale, qui s'apparente encore à la recherche du "que veux-je dire", demeure calme et attentive, elle est pour nous une sorte d'écoute intérieure d'une musique venue d'ailleurs. Elle permet d'écarter toute subjectivité abusive pour n'en laisser filtrer que les dispositions qui, s'ajoutant aux données de l'œuvre, pourront en parfaire l'objectivité. C'est à ce moment que se révèlent vraiment les valeurs intrinsèques de l'œuvre qui seront plus tard enrichies par le vécu personnel et la vision originale de l'interprète.

Il est donc d'une grande sagesse de savoir vivre à son temps cette première phase de recherche, apparemment sans prestige, et sur laquelle on a rarement le courage de revenir, à moins de sentir avec lucidité l'essoufflement d'une interprétation qui s'appauvrit. *La fidélité au texte* est déjà une interprétation, et l'artiste qui sait la faire vivre rigoureusement dans le temps et dans l'espace n'aura pour ainsi dire rien à rajouter de personnel, sinon à faire sienne et à recréer spontanément l'œuvre mûrie par le travail le plus authentique. Respecter le texte, c'est faire ce qui est écrit, ne pas déformer par des licences arbitraires sa signification musicale essentielle ; mais c'est nécessairement le dépasser pour donner une vie et une existence sensibles à des indications et à des nuances qui sont fatalement vagues, rudimentaires en regard des ponctuations infinitésimales et des respirations quasi impalpables ressenties par l'interprète.

Pour matérialiser la musique sans être prisonnier de questions instrumentales, aussi bien que pour effectuer des choix musicaux, rien n'est aussi riche que le *chant*. Trop souvent négligé, il devrait être l'outil essentiel du musicien à la recherche d'une interprétation. Combien de jeunes instrumentistes souhaitent recevoir des "conseils d'interprétation" et n'ont seulement jamais chanté leur texte, ou parlé la musique. Combien n'ont jamais tiré le fil du discours, dessiné vocalement la courbe de la phrase, goûté ses inflexions, ses retenues, ses insistances avec l'outil admirable de leur voix, tant ils sont occupés à bien faire les notes et à réussir leur performance sans éclaboussures. J'affirme que lorsqu'une partition a été défrichée par l'analyse qui a éliminé les contresens possibles, l'interrogation de l'interprète, son "que faut-il faire ?", trouve presque toujours la réponse dans le chant. On pourrait presque lui dire "chantez et vous trouverez".

L'une des plus grandes surprises de ma carrière pédagogique eut lieu le jour où une élève plutôt timorée vint, après quinze jours de vacances, travailler une sonate pour une audition de musique de chambre. M'attendant à son jeu habituel un peu monotone, quel ne fut pas mon étonnement de la voir empoigner résolument son violon et jouer sa sonate avec ferveur, intelligence, émotion, sans difficultés techniques apparentes, avec une aisance que je ne lui aurais jamais supposée. Lorsque je fus revenue de ma stupeur, elle m'expliqua avoir été durant ces quinze jours dans des conditions matérielles qui ne lui permettaient pas de jouer du violon. Désirant malgré tout travailler, elle décida de suivre un conseil que je lui avais donné longtemps auparavant, et de le faire *silencieusement* en conduisant l'archet sans toucher les cordes tout en chantant intérieurement... Ce chant qui l'avait poussée à prendre fermement parti et à découvrir le sens et la traduction gestique de l'œuvre que les problèmes du violon lui masquaient habituellement, la fit progresser de façon si spectaculaire que la sonate était virtuellement prête pour l'audition...

Dès le début de leurs études musicales, il faudrait habituer les enfants à ne jamais passer de la lecture d'un texte à son expression musicale sans avoir chanté l'œuvre à pleine voix, en faisant appel à toutes les ressources d'expression du mime, de la danse, et de l'accompagnement rythmique. J'aurai l'occasion d'en reparler. Peut-être éviterait-on ainsi l'inhibition et la fausse pudeur qui caractérisent tant de musiciens dès qu'il s'agit de s'exprimer *vocalement*. Le chant est le véhicule privilégié de ce vécu intérieur, que l'instrument ne doit jamais camoufler ou remplacer. Qu'il soit exprimé ou intériorisé, fredonné ou murmuré, que la voix soit "sortie" ou non, le chant devrait être présent à toutes nos recherches de phrasé, à toutes nos décisions d'interprète : une interprétation qui ne passe pas par son intermédiaire est vouée à la plus insignifiante platitude ; cela, les plus grands interprètes le savent. Je conseille toujours à mes élèves de chanter non seulement les grandes phrases, mais toute leur partie, jusqu'aux plus petites réponses. En effet, les violonistes ont trop souvent tendance, poussés à cela par leur formation de trapézistes, à ne s'intéresser qu'au plus difficile et au plus visible, en particulier aux fameux "traits" qui semblent les obséder, laissant dans l'ombre les séquences d'apparence insignifiante dont ils ne savent que faire. L'habitude du chant intérieur aide à "tout dire", à conduire les phrases jusqu'à leur terminaison extrême, et permet ainsi de les vivre à chaque instant, dans la plénitude du moment : le jeu instrumental reflétera à coup sûr la tension ou l'émotion de la phrase s'il a été précédé du dessin vocal.

C'est par le chant intérieur que se forge l'unité ultime de l'esprit et du corps, entraînant l'âme et le geste dans un mouvement parfaitement intriqué : il est la première matérialisation de l'intention, et c'est lui qui aide à préciser le projet de l'interprète. On est frappé par le caractère d'évidence qui se dégage de certaines interprétations. Le grand artiste, qu'il soit chef d'orchestre ou instrumentiste, est celui qui sait prendre parti et aller jusqu'au bout de ses desseins. La timidité des interprètes qui ébauchent sans conviction des formes vagues n'est pas tant due à un manque de courage qu'au doute de soi qui engendre une certaine grisaille. Dans l'interprétation plus qu'ailleurs, l'inhibition des violonistes est par définition un non-sens absolu. L'interprète qui veut se faire comprendre doit donner à l'œuvre une réalité telle qu'elle interdise au public, sur le moment même, de la concevoir autrement qu'elle vient d'être jouée. Cette rare symbiose de l'artiste et de l'œuvre ne peut s'obtenir à coup sûr. Mais le chant est le moyen idéal pour la préparer car il oblige à prendre parti, et l'élève qui exprime vocalement la musique peut construire une interprétation fidèle au texte, cohérente et personnelle.

Si j'insiste tant sur la valeur du chant, c'est parce que, non content de clarifier les choix musicaux, il simplifie le travail instrumental du violoniste. Ayant un modèle clair à traduire, l'élève peut alors s'intéresser au "comment dire ?"

Je préciserai bientôt à propos de l'art de travailler, que tout le travail est essentiellement musical, et ne consiste pas en une mise au point de mécanismes inexpressifs. Inversement, l'interprétation n'est pas un simple déballage subjectif des sentiments du musicien. Tout comme la subtilité de la pensée et la puissance de l'imagination appellent la précision du vocabulaire, la profondeur d'une interprétation n'existe pas sans les moyens d'expression qui lui conviennent.

Il est totalement fallacieux d'affirmer comme on l'entend parfois qu'une œuvre est "très mal jouée" mais que "son interprétation est bonne". Tout au plus peut-on dire dans certains cas d'espèce que, malgré la qualité défectueuse de l'exécution, on sentait "l'ébauche" de bonnes idées musicales ou la présence d'une nature susceptible d'évolution artistique... Beaucoup, parmi ceux qui restent empêtrés dans leurs problèmes instrumentaux, semblent ignorer que pour l'auditeur comme pour eux-mêmes, il n'y a plus aucun sentiment possible d'interprétation ni de musique dès que le sentiment de la difficulté prédomine. Difficulté et interprétation sont par essence incompatibles, et le public ne peut pleinement adhérer à une œuvre que si elle respire la facilité, c'est-à-dire si l'interprète a maîtrisé le "comment dire".

« Par quels moyens vais-je réaliser l'adéquation parfaite de l'idée musicale et de sa réalisation instrumentale ? » Cette question comporte un choix qualitatif, et des options qui diffèrent selon les interprètes, puisqu'elles dépendent de la sensibilité et du niveau de perception de chacun dans le moment présent. A l'inverse du "quoi dire", qui est essentiellement une recherche d'objectivité face à la partition, afin d'en dégager le sens véritable, le "comment dire" est une démarche totalement subjective, une interrogation qui n'a jamais de réponse définitive, susceptible de renouvellements et d'approfondissements infinis dans la mesure où le chemin vers la perfection ne trouve jamais de terme.

L'interprétation, pour trouver sa pleine expression, doit mobiliser toutes les ressources de la sonorité, du vibrato, de la justesse expressive ainsi que celles de la rythmique et de la gestique. Il n'y a pas lieu d'insister de nouveau sur l'importance de la sonorité dont nous avons souligné précédemment l'omniprésence ; tout au plus peut-on indiquer que dans leur rapport avec l'interprétation, les couleurs sonores, leur variété, leur harmonie, leurs contrastes, doivent être choisis en fonction de chaque œuvre, comme un peintre compose sa toile. C'est un travail subtil où l'intuition immédiate joue un grand rôle à condition d'être constamment reliée à l'oreille critique.

Une traduction instrumentale de la structure rythmique de l'œuvre est sans doute l'élément premier d'une interprétation. Le rythme ne doit jamais être considéré comme chose acquise : celui qui, au cours de ses études, a "assis" ses bases rythmiques par un travail technique approprié se trouve, bien entendu, plus à l'aise pour traduire *spontanément* n'importe quel rythme, mais il est néanmoins fondamental, au contact d'une œuvre particulière, de travailler rapidement l'organisation du texte dans l'archet, afin que la valeur des notes soit parfaitement respectée. Tout le monde peut ralentir imperceptiblement à cause de l'affaiblissement de son tonus intérieur, ou presser légèrement par manque de calme et de fermeté dans la conduite du discours ; et il est toujours nécessaire de décider des déplacements et des vitesses d'archet pour réduire au maximum ces risques de désorganisation, de flottements ou d'incertitudes, dus à une note écourtée par manque d'espace.

L'archet est au violoniste ce que le souffle est au chanteur ou au hautboïste : trop court, il rend les valeurs étriquées, mais en prenant de l'ampleur, il les épanouit et leur permet d'exprimer les plus subtiles intentions. Le rythme, nous l'avons déjà dit, n'est pas une simple régularité de battue : il est la pulsion qui donne sa vie à l'œuvre, la fait respirer... Les coups d'archet doivent donc être déterminés en fonction des impératifs du discours, c'est-à-dire de la traduction la plus fidèle du modèle chanté. Bien souvent les coups d'archet comme les doigtés sont choisis pour les défauts qu'ils n'ont pas plutôt que pour leurs qualités : tel sert mieux la phrase, mais tel est plus sonore et moins périlleux. Le degré de maîtrise technique influence beaucoup le choix. Lorsqu'il est élevé, il facilite et autorise des audaces heureuses. Chacun doit se sentir parfaitement libre dans ses options. Quels que soient les choix effectués, ils n'ont *aucune valeur absolue* et ne doivent jamais être aliénants. Ils ne sont à respecter que dans la mesure où ils servent le mieux les intentions de l'œuvre. Ils demeurent rarement définitifs, puisqu'ils sont liés à bien des paramètres variables qui tous peuvent les modifier, tels que les ressources sonores de l'instrument, les caractéristiques de la baguette employée, l'acoustique de la salle, la propre évolution de l'interprète et sa fantaisie du moment ou encore, le cas échéant, les contraintes liées à la participation d'autres instrumentistes. L'important est que le musicien puisse réaliser ce qu'il veut faire et ne se trouve jamais coincé, ni surpris. L'idéal serait pour l'interprète d'être à l'aise dans n'importe quel doigté ou coup d'archet, afin de pouvoir les changer à volonté, sans que la qualité du jeu s'en ressente.

L'habitude, si elle est l'alliée du virtuose en lui assurant une certaine sécurité, en est également l'ennemie la plus redoutable. L'accoutumance endort trop souvent l'imagination, et une interprétation vivante ne supporte pas la poussière. Après avoir joué une même œuvre un grand nombre de fois, il arrive souvent que l'on ressente le besoin de reconsidérer sa propre interprétation, ce qui entraîne nécessairement des changements de doigtés et de coups d'archet. L'absence d'initiative est souvent due à un manque de technique, qui empêche d'imaginer certaines nou veautés trop audacieuses. Il n'est pas inhabituel de voir des musiciens prendre à la lettre des doigtés ou des coups d'archet apposés par n'importe quel "réviseur" sans scrupules ou ceux qu'un professeur leur avait prescrits quand ils avaient quinze ans. En définitive, ne devraient être retenues par l'interprète que les options qui répondent à sa conviction intime. Lorsque son choix *personnel* est fait, l'interprète peut alors le défendre et donner de l'éloquence à chaque geste pour servir le mieux sa pensée.

L'interprétation et le geste ne doivent pas seulement se recouper de temps à autre, mais *coïncider* complètement sur chaque note. Le geste est un langage complet, et sa précision et sa plastique sont une part importante de l'expression. L'alliance du chant avec le geste constitue cet admirable *geste vocal*, si expressif : non content de traduire parfaitement l'esprit et le sentiment de l'œuvre, le geste doit contribuer à leur extériorisation. Il doit, bien entendu, être vu et compris par l'auditeur dont il éveille ou soutient l'attention. Mais il est d'abord important pour le musicien lui-même, qui éprouve le besoin d'exprimer son élan à travers un support adapté. Un geste trop grand ou trop petit dénature la musique, qui ne s'accomplit vraiment qu'en prenant appui sur un *geste exact*. Tout sentiment, toute décision se traduit par un geste qui le précède, le porte et l'achève, lui donnant dans l'espace une dimension qui facilite la communication avec le public.

Celui qui ne peut faire passer tous ses sentiments dans des gestes, laissant le texte musical sans vie corporelle, ne parvient pas à la véritable éloquence. Il est comme un comédien qui prononcerait parfaitement son texte, le regard fixe, les bras ballants, sans présence scénique. La vie corporelle du texte n'existe que dans un rapport étroit avec celle de l'interprète, qui doit être constamment en mouvement, et *jouer avec tout son corps*. Cependant, l'excès d'agitation est à redouter : le mouvement qui n'est pas greffé sur une perfection technique dégénère alors en "cinéma", et le jeu de tels artistes devient exhibition d'une personnalité histrionique. Le véritable "mouvement" émane au contraire d'une intégrité totale : loin d'être le faire-valoir de l'interprète, il est au service de la musique qu'il contribue à créer authentiquement.

Tous ces éléments d'interprétation peuvent être expliqués, mais jamais utilisés comme des trucs. Plus que tout, une interprétation est personnelle et ne saurait se transmettre. Que dire, dès lors, des "cours d'interprétation", dont le vocable seul montre la duperie, surtout lorsque le participant n'a aucun des moyens techniques lui permettant de traduire correctement les œuvres qu'il joue. Sans doute la formule "une semaine avec X" ou "un mois avec Z" serait-elle plus juste : il est sans doute fort intéressant de connaître la pensée d'autrui, surtout s'il s'agit d'un artiste jouant et justifiant ses choix avec ferveur. Mais il ne peut être question de copier quelqu'un, d'adopter ses coups d'archet, ses doigtés, ses effets et ses nuances, voire même ses tics et sa sonorité. La seule façon qui me semble juste pour former le sens de l'interprétation est de communiquer à l'élève l'amour passionné de la musique, l'amour de la vie sous toutes ses formes, de susciter en lui un esprit de recherche, de former son sens de la responsabilité et son oreille critique. Il convient de l'aider à comprendre et à analyser l'œuvre pour en pénétrer le sens et le contenu émotionnel. Par là, l'élève arrivera à se préciser à lui-même ce qu'il *ressent* et *désire* "lui", et à constituer son propre goût.

Au moment même d'une exécution, rien ne peut plus se déterminer selon les normes de l'intelligence et de la compréhension qui ont guidé auparavant nos recherches impartiales de fidélité au texte. En tant que musiciens nous vivons un rôle abstrait, certes, mais à l'instant de jouer, ce sont toutes nos propres émotions, nos sensations, nos instincts mêmes qui sont impliqués. Seul un puissant vécu émotionnel, sans barrages intérieurs et sans freins, lié bien entendu à la faculté d'extérioriser ce vécu, provoque l'interprétation qui touche, émeut l'auditeur et lui apporte la dimension humaine et spirituelle à laquelle il aspire à travers l'artiste. Le comédien est aidé par un texte explicite qui lui assigne un rôle précis avec lequel il lui appartient de s'identifier. Pour le musicien l'identification est affaire uniquement d'intuition, de sensibilité affective et d'imagination intérieure. Elle s'appuie sur un sentiment puissant du "juste" qui exige pour pouvoir s'imposer que nous vivions l'œuvre avec une telle intensité que toutes traces de doute et d'hésitation soient effacées.

Toutefois, ne perdons pas de vue que si le musicien interprète la musique de toute son âme, avec sa propre chair et avec ses propres sentiments, il ne s'identifie pas pour autant avec ce qu'il joue. La sincérité même avec laquelle il se donne à l'œuvre n'exclut pas le contrôle et la critique de soi. Il s'engage mais demeure lucide. Une moité de son âme est absorbée par l'objectif ultime, "pénétrée" par la ferveur et l'émotion qui concourent à entretenir l'état de création active : c'est elle qui permet à l'artiste de prendre des risques, de jouer aux limites de lui-même. Mais l'autre moité continue à fonctionner dans un état de vigilance et de conscience corporelle prêtes à prévenir ou à secourir toute défaillance. Dans le moment unique de l'interprétation l'artiste est tout entier présent, mais sous son double aspect : celui qui a formé sa compétence et qui surveille son travail comme le gardien du temple, et celui qui se laisse aller à l'œuvre sans rien retenir de son moi. Il est en quelque sorte deux en un.

Seule une forte tension intérieure peut porter les sentiments éprouvés à un degré d'intensité qui provoque réellement leur "expression", c'est-à-dire leur percée à l'extérieur. Pour recréer tous les caractères d'une œuvre, il faut être capable d'éprouver tous les sentiments humains, toutes leurs contradictions, et ne fermer la porte à aucune émotion, quelle que soit sa nature. L'artiste doit pouvoir être à la fois l'ange et le démon, le fou et le sage, le feu et la glace...

Nous voyons souvent des musiciens se limiter à certaines époques ou à certaines littératures et exclure celles dont ils sentent intuitivement qu'elles les dépasseraient, non pas tant par leurs difficultés techniques que par leur contenu affectif. Cette lucidité témoigne d'une grande sagesse mais il est souhaitable que chacun tente d'évoluer, d'ouvrir son champ intérieur à la suite de nouvelles expériences ou de nouvelles prises de conscience. C'est en cultivant notre *vie imaginaire* que nous devenons capables d'idées nouvelles, d'intuitions subtiles et de solutions originales. Celui qui peut lire, réfléchir, privilégier les associations et les analogies stimulantes, mais également affronter la vie, communiquer avec des personnes de générations et de milieux différents, fréquenter assidûment les œuvres d'art du passé et du présent, celui-là enrichit sa vie imaginaire et favorise les germinations à venir. La pensée musicale est nourrie à de multiples sources, et notre pensée consciente n'est qu'une partie minime du processus psychique total. Elle est insignifiante en regard de la puissance de nos sources intérieures, sombres, irrationnelles et insconscientes à la fois, qui sont probablement le creuset même de l'interprétation.

L'intellect propose, mais ce n'est pas lui qui dispose. Il est un pouvoir superficiel flottant à la surface de l'inconscient, et si son activité est nécessaire pour poser des questions, déterminer approximativement où se trouve la réalité musicale, il n'est pas cette réalité elle-même. La réalité ne peut être saisie que si l'intellect renonce à tous droits sur elle. Elle s'exprime capricieusement, selon son vouloir propre qui n'est pas le nôtre et qui a ses propres mouvements.

Le jeu que l'on dit parfois "inspiré", où se manifeste une qualité ultime d'interprétation, une grâce qui subtilement fait intrusion dans la musique tel un miracle, *n'est pas une création de l'intellect*. L'inspiration, loin d'être un privilège, est une *possibilité latente qui existe en chacun de nous*. Qu'on ne puisse l'étudier, l'inciter, c'est vrai, mais chaque musicien peut connaître les lois qui la gouvernent, découvrir les chemins qui y conduisent.

Celui qui a respectueusement suivi les pas de la nature, élaboré une technique où chaque geste est clair, intelligible, intelligent, où chaque combinaison obéit à une logique interne économique, animée de l'intérieur par une ardente vérité, celui qui, de plus, a réussi à desserrer l'étau de la surveillance intellectuelle, à vaincre l'insécurité et la peur, et qui dès lors nage dans les grands fonds où n'existent plus ni raisonnement, ni analyse, celui-là réalise alors un accomplissement qui peut permettre à l'inspiration de se manifester... Un jour, de ces eaux profondes peut jaillir une qualité "inattendue" qui saisit, renverse, emporte dans un univers inconnu mais néanmoins *pressenti* qui est l'inspiration créatrice.

L'interprète vraiment "réalisé" n'est cependant jamais maître de l'inspiration. Il ne la possède pas. Elle le visite... parfois ! Il ne peut rien faire pour la provoquer, ni pour la retenir. Il ne peut que soigner la maison de cet hôte de passage, c'est-à-dire devenir l'instrument le plus ductile possible de la nature qui est en lui.

C'est pourquoi la plus grande qualité qu'il doit entretenir est la *disponiblité intérieure*. Elle lui permet de se laisser pénétrer à tous moments par l'essence de la musique, d'en épouser les contours et les formes, d'y adhérer si intimement que l'expression par le geste devient cette évidence, cette traduction parfaitement adéquate qui s'impose d'elle-même.

Autre élève, autre maître...

La démarche instrumentale, qui est le fil conducteur de notre réflexion, est avant tout un cheminement intérieur ; nous avons maintes fois souligné que toutes les intentions techniques et musicales doivent être profondément "ressenties" par le violoniste avant d'être concrétisées sur l'instrument. Mais cette recherche, pour personnelle qu'elle soit, ne peut se faire entièrement seul ; elle requiert l'échange. Elle appelle obligatoirement une pédagogie qui lui soit adaptée, un enseignement dans lequel le rapport d'autorité soit remplacé par un esprit de recherche et de collaboration fervente entre le maître et l'élève.

Tout enseignant conscient de son rôle devrait toujours garder présente à l'esprit la prédominance de l'élève dans le rapport pédagogique. La relation d'un maître avec son élève doit être axée sur le développement de celui-ci plutôt que sur la satisfaction de celui-là. Bien sûr, c'est en restant lui-même et non en gommant ses réactions spontanées que le maître peut être bénéfique à l'élève : seule une personnalité achevée est susceptible d'établir un climat épanouissant où l'enrichissement sera réciproque. Mais il est clair que le maître existe par et pour l'élève : le monde de la musique est riche en exemples du contraire, où, dans le meilleur des cas, l'élève vit par le maître et dans sa dépendance absolue mais, parfois même, pour lui, dans l'attente de satisfecits ou de remontrances, perdant de vue qu'il est le principal intéressé dans leur relation.

Une pédagogie centrée sur l'élève instaure un autre type de rapports : loin des recettes, des systèmes dogmatiques et des stéréotypes rebattus, elle fait appel à l'invention, constamment renouvelée, pour créer les conditions favorables à l'épanouissement du musicien. C'est aux prises avec les caractéristiques de chacun de ses élèves que le maître trouve la réponse spécifique et adéquate. Chaque violoniste manifeste un talent et une ambition particuliers, maîtrise son instrument avec plus ou moins de bonheur. Mais, dans tous les cas, c'est au maître de prendre l'élève *tel qu'il est, là où il est*. Le simple bon sens demanderait donc que l'enseignement tienne compte de cette évidence : il est fait pour le bien des élèves et non pour la vanité du maître. Un professeur qui n'est pas heureux au contact de ses étudiants, qui n'a pas l'âme du jardinier penché sur les fleurs de son jardin devrait se tenir à l'écart de l'enseignement. Or, souvent, quand la charge de professeur n'est pas envisagée comme une fonction honorifique permettant aux artistes l'obtention de quelque rosette ou de certains avantages sociaux, elle est souvent tenue pour le gagne-pain mineur sur lequel les moins favorisés doivent se rabattre : « il lui restera toujours l'enseignement... » Et l'élève dans tout cela ? Il semble bien que lui seul fasse les frais de l'absence de déontologie de la profession. Quiconque prend des responsabilités pédagogiques devrait réaliser combien l'enseignement est une foi dans l'homme, qui requiert la volonté de s'ouvrir sur autrui en lui portant un intérêt réel.

Mais l'amour de l'enseignement et la conscience de sa valeur ne suffisent pas lorsqu'ils restent une simple bonne volonté. Un bon violoniste ne suffit pas à faire un bon pédagogue. Qu'un artiste talentueux s'applique à lui-même un dosage de recettes combinées avec adresse témoigne d'un esprit d'initiative et d'adaptation qui l'honore. Mais, s'il vient à s'improviser pédagogue, voulant essayer sur des élèves ses propres trouvailles de prestidigitateur, ou les obliger à faire "comme lui", il pénètre alors dans la caverne de l'apprenti sorcier... Fort heureusement, la compétence pédagogique et le don musical peuvent cohabiter chez la même personne, ce qui fait les grands maîtres. Mais bien des violonistes mettent en avant, à tort, leur seul talent musical comme preuve d'un talent pédagogique : parfois, la présence du premier explique même l'absence du second, puisque le caractère instinctif de leur démarche a fréquemment épargné à ces artistes la recherche et le cheminement personnel que tout professeur doit avoir faits.

Le tableau, est, grâce à Dieu, rarement aussi sombre, et nombreux sont les professeurs pourvus d'un dévouement et d'un sens de leurs responsabilités remarquables, tentant d'exercer leur métier au mieux, dans des conditions matérielles parfois difficiles : expérience, compétence et bonne volonté paraissent dérisoires lorsqu'elles doivent parfois se contenter de vingt minutes hebdomadaires avec de jeunes enfants... Cependant, la quantité d'énergie gaspillée dans l'enseignement du violon, comme la somme d'efforts et d'espoirs dépensés pour rien, pourraient être épargnées si la connaissance claire de la logique du corps et de l'instrument que devrait avoir tout enseignant se doublait d'une réelle "prise de conscience" pédagogique.

La compréhension de ses élèves doit être le premier désir d'un professeur : elle est la mise en pratique de la volonté qu'a le maître de s'adapter à l'élève, et de *décentrer* leur relation sur celui-ci. "Comprendre" n'est donc pas ici pris dans une acception sentimentale. Il s'agit d'abord de découvrir qui est l'élève, quels sont ses goûts et ses voies d'approche privilégiées, ce qui est bon pour lui et ce qui ne l'est pas. C'est en comprenant la réalité de son élève que le maître pourra lui fournir les moyens adaptés à sa recherche. Bien entendu, ce désir de comprendre son élève n'a de sens que si ce dernier lui donne sa confiance et n'élève pas d'obstacle. Au surplus, il faut qu'il possède en commun avec son maître un amour de la vérité qui, seul, pourra détruire les barrières qui les séparent, et surtout qu'il soit animé comme lui d'une passion authentique. On peut attendre beaucoup d'un professeur, mais pas qu'il crée ex nihilo le désir et la motivation. Toute recherche doit naître d'un désir exprimé, et le désir s'éteint si l'on mange sans faim.

Le rôle du maître n'est pas seulement de fournir les moyens d'acquérir une technique, aussi complexe soit-elle, mais de trouver les voies qui permettent à l'élève de se révéler à lui-même. "Educare", ne l'oublions pas, signifie conduire au dehors. Il est peu de joie aussi grande que celle qui consiste à dévoiler à l'élève la réalité cachée qu'il portait, et à lui faire prendre conscience de sa vraie personnalité dont lui-même ne soupçonnait souvent pas la richesse. La vérité est en nous, et la pédagogie n'est pas l'instruction extérieure, l'aménagement d'un couloir par lequel la lumière pourrait entrer ; elle est la maïeutique qui conduit à une naissance nouvelle laissant enfin apparaître la splendeur longtemps emprisonnée. Plus que tout autre, le violon est l'instrument adapté à cet épanouissement, et en renaissant comme musicien, le violoniste renaît aussi comme être humain. Le maître donne à l'élève la liberté d'être que le violon appelle de façon si pressante.

Pour ce faire, il n'est pas utile, il est même impensable, que le maître aliène sa propre personnalité : placer l'élève au centre de sa démarche, chercher à lui renvoyer sa propre image, n'implique pas de tomber dans la neutralité la plus impersonnelle. Au contraire, il est nécessaire pour l'élève que son enseignant agisse sans crainte, selon son propre tempérament et demeure en contact avec ses sentiments profonds. Toutefois, il ne faut jamais perdre de vue que le pouvoir de suggestion du maître passe souvent par une identification momentanée. Aussi, suggérer une action et agir autrement - ce que de nombreux professeurs, excellents violonistes, pratiquent avec la meilleure bonne foi puisqu'ils ignorent comment ils agissent eux-mêmes - est une inconséquence qui affaiblit, voire renverse le pouvoir de leurs suggestions. Le rond-carré et le carré-rond constituent - l'expérience en est faite dans de nombreux domaines - la perturbation majeure. Au contraire, l'exemple cohérent et unifié du maître conduit l'élève à un état de confiance qui le rend apte à assimiler l'enseignement, et en active le processus d'intégration. Le maître ne peut aider que très superficiellement son élève s'il n'a pas lui-même réalisé sa propre unité et parcouru d'abord le chemin qu'il propose. C'est à la lumière de sa propre évolution qu'il peut exercer sa capacité *d'empathie* par laquelle il lui est possible de s'identifier passagèrement aux problèmes de son élève, pour y apporter la solution la plus adéquate. C'est grâce à elle qu'il peut le reconnaître et le situer là où il est. Il est donc essentiel pour lui de ne pas oublier, volontairement ou non, le chemin qu'il n'a pas manqué de parcourir avant de posséder la maîtrise qui est la sienne.

Trop de futurs professeurs ont tendance, lorsque leurs propres problèmes sont partiellement résolus, à gommer - volontairement ou non - le souvenir de leur propre apprentissage. Cet oubli (!), qui élimine toute reconnaissance pour l'enseignement qui leur a permis de devenir de vrais musiciens, explique pourquoi, alors qu'ils en ont pourtant profité eux-mêmes, ils tiennent la pédagogie en peu d'estime. Parfois ce sont ceux-là mêmes qui devraient le mieux connaître la valeur d'une pédagogie constructive qui, devenus professeurs sans être devenus pédagogues, s'arrogent un pouvoir d'autorité auquel ils n'ont aucun droit, en contradiction avec ce qu'ils ont vécu...

Ayant personnellement expérimenté le chemin que l'élève va parcourir avec lui, le maître "conscient" connaît par avance les ornières dans lesquelles celui-ci risque de glisser et peut prévoir également les promontoires qui découvriront à sa vue des perspectives exaltantes : tel ce joueur d'échecs dont le partenaire s'aperçoit à chaque fois avec émerveillement qu'il avait depuis longtemps programmé le coup présent. Quelle pourrait d'ailleurs être la justification de son rôle si le professeur ne connaissait pas mieux que son élève la topographie du terrain, lui évitant ainsi les mauvais détours ?

Cette connaissance n'est en rien contradictoire avec l'exigence, que j'ai déjà soulignée, de laisser aux élèves la plus grande marge de liberté possible pour se déterminer. C'est justement parce qu'il possède une expérience que le maître peut impliquer à fond ses élèves en les ramenant constamment à eux-mêmes. Sans mener le jeu, il amène l'élève à préciser sa recherche et l'invite à une démarche personnelle. Or, pour permettre à l'élève de se révéler ainsi lui-même et de s'engager réellement dans leur recherche commune, le maître doit créer un climat de confiance sans lequel la compétence et l'expérience ne sont rien. Combien ai-je vu d'élèves peureux et inquiets ne faisant aucun crédit à leur jugement et n'osant changer un doigté visiblement inadapté à leur morphologie sans jeter au professeur un regard timide ou interrogatif ! Passifs et soumis, mesurant tout en fonction d'une classification formulée en "bien"/"pas bien", ces élèves ne sont plus à l'écoute de ce qu'ils ressentent eux-mêmes et se sanctionnent beaucoup plus qu'ils nc se stimulent : « je suis comme ça, je n'y peux rien, on me l'a toujours dit ». De telles démissions expliquent peut-être pourquoi le terme "élève" me paraît toujours restrictif et inadapté, tant il semble n'être que l'expression de ce type de réalité.

Un précepte bouddhique dit que « nous sommes ce que nous pensons être ». Il est en tout cas certain que nous devenons ce que nous projetons, et notre avenir est fortement influencé par l'image que nous avons de nous-mêmes. Comment, étant prisonnier d'une projection négative de lui-même, l'élève pourrait-il réussir dans ses tentatives d'évolution et de développement personnel ? Il est donc vital que le professeur ait conscience de la nécessité de restaurer chez l'élève une bonne image de lui-même. Si l'élève ne croit pas en lui, c'est au maître de lui faire confiance. Seule une conviction réelle de ses possibilités de transformation, bien perçue par l'élève, lui permettra de se hisser au niveau où le voit son maître. Tout compte pour créer un climat de confiance, même le timbre de la voix et le niveau sonore de la discussion. Le "terpnos logos" était déjà recommandé par Platon pour guérir le corps par l'âme. Une voix douce et persuasive peut évoquer en nous des résonances qui *en font presque une voix intérieure* : parler dans la confiance est souvent plus fécond que travailler dans la tension. C'est en favorisant les échanges que le maître pourra amener l'élève trop introverti à verbaliser ses doutes, ses intuitions, ses illuminations, à confier avec franchise l'expérience qui est la sienne, dont la connaissance est nécessaire au maître pour l'aider à progresser.

Quoi qu'il arrive, le maître doit apporter à son élève la certitude d'une absence de danger et ranimer l'espoir au moment où celui-ci faiblit. Dans la menace, il y a détérioration, et la chaleur est nécessaire à l'évolution de l'élève comme elle l'est à la croissance d'une plante. Le maître ne peut vraiment aider son élève que s'il est émotionnellement ouvert à lui, s'il comprend ses contradictions. Cet élément d'ouverture chaleureuse a des implications tangibles. Il peut, s'il est réciproque, permettre à l'élève de vivre ses expériences sans crainte d'être jamais moqué ou humilié. En toutes circonstances, il lui est possible d'être lui-même. Tout enseignement qui ne s'exprime dans un tel climat, toute relation basée sur la carotte ou le bâton, secrètent des expédients et des palliatifs superficiels qui ne font illusion qu'un moment, provoquant souvent, en profondeur, des dégâts irréversibles.

Il ne suffit donc pas au maître de détenir des connaissances enracinées par une longue expérience, encore faut-il qu'il sache créer un terrain de développement propice. Aussi, l'habitude qui consiste à émettre des jugements de valeur et à comparer les élèves entre eux devrait-elle être résolument bannie. Un élève exceptionnellement doué peut, s'il est montré en exemple par un maître trop flatté par son prodige, ruiner la pédagogie de celui-ci et la confiance des autres élèves. De même, il est souvent nécessaire que le maître sache se priver du plaisir de "montrer un exemple" avec brio lorsque la démonstration confirme l'élève dans l'idée qu'il se fait de son incapacité.

Une autre habitude devrait également disparaître qui consiste à maculer les partitions en noir et en couleur... d'injonctions vingt fois répétées, rendant parfois illisible le texte même. N'est-ce pas là une marque concrète du manque de respect - moral et matériel - de l'élève? Il semble que ce soit à l'intéressé lui-même d'écrire ce qu'il juge bon après une démarche personnelle, et non au maître de gribouiller, au nom d'une compétence qui ferait de lui un "supérieur" qui a tous les droits, des doigtés et des remarques qui resteront extérieurs à l'élève... et indélébiles!

Alors seulement, si leur estime est absolument réciproque, l'élève pourra accorder au maître la confiance qui est nécessaire à son développement, et accepter librement les règles du jeu qu'il propose. Cette docilité, loin d'être une attitude passive, est la plus féconde des activités, elle est l'antidote nécessaire à l'angoisse. La confiance de l'élève, constamment confrontée au réel, c'est-à-dire à son évolution et à ses progrès, est absolument nécessaire s'il veut intégrer sans agitation ni tension les divers éléments qui lui sont proposés, selon un cheminement qu'il ne peut pas encore prévoir et suivre seul. Le maître est alors celui qui a résolu les problèmes avant lui et peut lui donner les clefs de cette expérience, il est "en avant" de l'élève et pas "au-dessus" de lui. Les rôles ne sont jamais distribués définitivement, et rien n'empêche que l'élève aille, un jour, plus loin que son maître.

Puïsse, dans l'avenir, disparaître cette figure pourtant bien réelle qu'est le maître démiurge devant lequel on se doit de trembler et de balbutier. Alors, le terme de maître, que j'emploie faute d'un mot mieux adapté, perdra la signification dont il est chargé lorsqu'il désigne ces demi-dieux. N'oublions pas qu'avant de devenir le synonyme dégradé de "maître à penser", le "gourou" était ce guide en qui le disciple place librement sa confiance afin de se "révéler" pleinement.

Cependant, il ne suffit pas au professeur d'accepter et de vouloir mettre en pratique ces principes pédagogiques exigeants. Encore faut-il les asseoir sur une connaissance claire des lois fonctionnelles qui régissent le jeu instrumental. Les professeurs les plus dévoués seraient bien aidés dans leur travail s'ils pouvaient l'appuyer sur des *définitions claires et des principes éprouvés* en accord avec la logique du corps, s'ils disposaient d'une vue d'ensemble du fonctionnement idéal du violoniste "en situation" et de la cohérence instrumentale. Amenés à renoncer à l'utilisation de tous les conseils partiels, subjectifs et encombrants qui abrutissent les élèves, ils comprendraient alors que les difficultés de staccato de l'un, les impossibles démanchés de l'autre et les crispations d'un troisième sont rarement sans lien entre eux, et qu'il convient de les traiter dans le sens d'une *unité de fonctionnement*. Ainsi, chaque maître pourrait, avec la liberté d'action, le talent et la palette des moyens pédagogiques qui lui appartiennent en propre, pourvoir ses élèves d'une compétence "artisanale" *commune à tous,* qui éviterait qu'un changement de professeur soit une décision si redoutée. Si le professeur n'était pas livré à sa subjectivité, à ses habitudes, à ses manies, s'il se remettait en cause et confrontait avec d'autres le système clos qui est le sien, l'arbitraire et les contradictions pédagogiques graves disparaîtraient sans aucun doute.

Un corollaire s'impose, qui dans les faits est loin d'être un truisme, à savoir que "la musique est faite pour être écoutée"! Bien des professeurs perdraient leur partialité s'ils s'attachaient en effet à *écouter* attentivement l'élève, plutôt qu'à guetter d'un œil fébrile le plus petit écart dans la tenue de l'archet. Du moment que l'approche de l'instrument est cohérente - ce que l'oreille exercée ne peut manquer de déceler - les petites particularités qui sont celles de l'élève devraient être acceptées dès lors qu'elles ne nuisent pas à la musique. Or, quel violoniste n'a pas entendu, en se rendant pour la première fois chez un nouveau professeur, ce verdict fatal : « il faut tout reprendre à zéro... » Accepterait-on d'un nageur olympique qu'il retourne à la pataugeoire parce qu'il a changé d'entraîneur? Seule la compréhension lucide des principes fondamentaux de l'enseignement pourra mettre fin aux querelles de chapelle qui sont monnaie courante chez les violonistes : vibrato du bras ici, vibrato du poignet là, coussin ou pas, pouce droit ou pouce plié... Il serait même à souhaiter, dans un stade ultérieur, que ces maîtres acceptent de sortir de leur chasse gardée pour confronter et mettre en commun leurs expériences pédagogiques fondées sur une même compétence.

L'aptitude pédagogique ne peut avoir de réelle efficacité pratique si elle n'est pas fondée également sur une capacité d'observation déjà en partie présente au départ. Les années d'expérience se chargeront d'affiner ce don, comparable au diagnostic du médecin, et de développer la faculté d'analyse permettant de voir *au-dedans* les causes profondes de symptômes apparemment sans gravité. La cause d'une difficulté est rarement là où elle se manifeste, donc seul le diagnostic cohérent rend possible l'ordonnance qui libèrera peut-être l'élève de ses comportements erronés. Mais, malheureusement, là où le médecin soigne la maladie, le professeur se contente bien souvent de constater le mal et, sans le savoir, de faire répéter l'erreur. Avec d'évidentes bonnes intentions, il fait travailler à son élève les œuvres où apparaissent les difficultés qui lui sont les plus redoutables, conseillant tel final de concerto pour le sautillé et la légèreté de l'archet, tel "caprice" pour le staccato : « Après cela tu seras à l'aise ! » Mais seulement voilà, l'élève ne *sait* pas faire le sautillé, et ne dispose d'aucun élément nouveau pour en venir à bout. On ne donne pas à des violonistes le quatrième caprice de Paganini pour "enfin jouer juste dans les doubles cordes". A coup sûr, les plus fragiles, ou ceux dont la main est mal placée, y développeront de bonne foi une inhibition qui installera définitivement en eux le doute absolu, tandis que les autres, moins scrupuleux, s'exerceront à répéter indéfiniment les mêmes approximations auxquelles l'oreille et l'esprit s'habituent sans mal... Si l'élève n'est pas susceptible de dominer à peu près l'œuvre concernée, s'il ne possède pas les *moyens* de l'aborder, celle-ci risque non seulement de devenir inutile, mais néfaste. Que dire si le maître, lui ayant répété pour la quinzième fois qu'il faut démancher en souplesse, donne un exemple inimitable pour affirmer « c'est simple, tu n'as qu'à faire comme moi! » Inconscience, vanité ou cruauté involontaire, cette carence pédagogique est en tout cas le chemin le plus direct pour décourager ou même mener l'élève à l'abandon. La présence du maître ne se justifie que s'il donne, après avoir compris les *causes réelles* de l'inaptitude de l'élève, les *moyens adéquats* lui permettant de trouver la solution de ses problèmes. Sans quoi, il est à la portée de chacun de parcourir seul des partitions de plus en plus ardues en écoutant des disques "pour se faire une idée"...

Quiconque possède cette sûreté de diagnostic, nécessaire pour faire un bon pédagogue, comprendra combien est importante la notion d'un rythme de travail et de compréhension propre à chaque élève : celui-ci ne peut pas tout apprendre à la fois, et le maître doit justement savoir quel est le meilleur des chemins de développement possible à partir d'une situation donnée. Une information nouvelle n'est comprise que si elle frappe un circuit prêt à entrer en résonance avec elle. De nombreuses observations m'ont convaincue que la perception et plus encore l'acquisition des informations exigent avant tout une *disponibilité* et une *énergie d'accueil.* Le maître qui lance une proposition sans que l'élève y soit préparé enseigne dans le vide. Pire, si une telle information parvient au cerveau de l'élève sans y être attendue, elle risque non seulement d'être rejetée, mais déformée.

De même, imposer des doigtés et des coups d'archet, avant que l'élève les ait lui-même cherchés et justifiés, est peut-être une solution expéditive et pratique, mais sûrement pas une bonne démarche pédagogique. Le doigté imposé (et encore plus celui qui est fidèlement transmis de disciple en disciple à partir de telle partition de référence) prive l'élève d'une occasion d'apprendre et de réfléchir.

Aussi, pour préparer le terrain, il est parfois bon de laisser l'élève se débattre dans la difficulté avant de lui tendre la bouée qui l'aidera à en sortir - et le maître doit bien se garder, en lançant cette bouée, de privilégier la solution que lui-même aurait tendance à adopter dans une situation semblable. S'il supporte de s'enfoncer momentanément dans une telle recherche, l'élève comprendra mieux, non pas le talent d'un maître infaillible, mais la valeur des solutions proposées.

Il est souvent difficile pour le maître de résister à la tentation de "trop en dire", conscient de la capacité d'accueil présente de ses élèves. Il ne doit choisir que les informations qui peuvent les aider. Il est même parfois nécessaire de gommer volontairement certaines erreurs, de ne pas faire des remarques à tout propos, surtout si la résistance psychologique de l'élève est faible. A trop intervenir, même s'il le réclame, on risque d'étouffer l'élève, et la meilleure ligne de conduite, outre de ne dire que ce qui peut l'aider, est d'avoir des paroles constructives qui l'encouragent, lui restituant la bonne image de soi qu'il n'a parfois jamais eue.

Le maître qui connaît les lois et les exigences de l'évolution pour les avoir lui-même expérimentées, loin de vouloir hâter toujours le cheminement, doit savoir assister à la lente maturation de son élève. – « Je vous fais perdre votre temps »! Combien de fois ai-je entendu s'exprimer cette inquiétude chez des élèves impatients et mortifiés par leur inaptitude à réaliser une proposition "sur l'instant". Comme si l'efficacité n'était liée qu'à un résultat visible et immédiat! La précipitation comme la crainte tuent la croissance, et il faut enseigner *l'attente active*.

Les graines qui ont été reçues, conservées et cultivées avec amour lèveront seules, parfois au moment le plus inattendu : bien plus qu'une considération moralisante, c'est une raison pragmatique qui me fait insister sur la nécessité du respect du rythme et des mobiles de l'élève.

L'expérience personnelle est seule à pouvoir rendre féconde une connaissance. Elle est le catalyseur nécessaire de ce qui, autrement, resterait un acquis extérieur. Durant des années, un élève m'a donné la joie de m'apprendre à chaque cours, comme s'il l'avait découvert lui-même, ce que je lui avais longuement montré durant les leçons précédentes. Il retraduisait ses découvertes dans ses propres termes, et je ne le privais jamais du plaisir d'y acquiescer comme s'il s'agissait d'une création originale. Pour lui, c'en était une, effectivement. De temps en temps, il redescendait sur terre et me disait naïvement : « Mais c'est vrai, vous me l'aviez montré la dernière fois, je ne veux pas vous ennuyer ». La vraie connaissance ne s'acquiert que dans la décomposition et l'assimilation de l'information à la personnalité de chacun, et "savoir" passe nécessairement par l'obligation d'expérimenter personnellement.

De plus, il est essentiel que les élèves acceptent l'idée d'une connaissance qui ne soit pas seulement intellectuelle, mais qui concerne le corps tout entier. Or, combien d'entre eux, habitués à une seule compréhension théorique, sont réticents à l'idée de soumettre au jugement de leur sens les informations qui leur parviennent, empêchant ainsi toute expérience sensible! Ils rationnalisent à outrance les difficultés qu'ils rencontrent, justifient leurs progrès comme leurs échecs, discutent, se contredisent, s'expliquent au professeur et à eux-mêmes, créant un climat contraire à une détente qui leur permettrait de "sentir". Cette tendance momentanée, mais parfois tenace quand elle exprime une défense profonde, explique la nécessité de revenir encore et encore, aussi souvent qu'il le faut, sur un élément "oublié", disons plutôt "absenté" puisqu'il n'a été fécondé ni par une expérience personnelle ni par une approche corporelle : — « Et pourtant, vous me l'aviez dit, et il me semblait avoir compris » ! Certains se culpabilisent en expliquant qu'ils sont distraits, lents, anormalement bloqués ou trop vieux. La situation ne change que lorsqu'ils prennent conscience que leur corps et leur esprit sont *inséparables* et que le processus d'intégration de l'information passe par la reconnaissance du corps, souvent engourdi par le poids des habitudes. Le maître doit donc garder comme objectif constant de faire naître chez l'élève des sensations nouvelles. Tout comme l'entraîneur reste ouvert aux réactions du corps de l'athlète, il doit chercher à créer sur le moment l'ébauche de cette sensation qui pourra être retrouvée par la suite. Il est parfois long, nous l'avons déjà dit, de mettre l'élève en contact avec ses sensations réelles, et il suffit rarement d'une seule suggestion - par le biais de la parole, d'une image ou de l'exemple - pour faire naître "la bonne sensation" : il faut l'appeler plusieurs fois avec la patience de l'oiseleur jusqu'à ce qu'elle se laisse saisir. C'est seulement lorsque le mouvement est vraiment senti que l'élève peut travailler utilement chez lui, le perfectionner et se l'approprier réellement. Alors, l'information acquise peut devenir véritablement féconde, et délivrer à chaque fois qu'elle est abordée de nouveau une richesse toujours renouvelée.

Tel détail, qui paraissait acquis et dont le sens était apparemment épuisé, prend un éclairage différent à la lumière de l'évolution de l'élève. Chaque connaissance lui révèle des niveaux de sens différents, et ce qui n'était qu'une observation partielle est mise pour la troisième ou la quatrième fois en correspondance avec d'autres observations... C'est ainsi que l'élève peut commencer à saisir que le violon, loin de n'être qu'une technique, est la voie de réalisation qui lui permettra d'accéder à une liberté.

Mais, une fois encore, les exigences du pédagogue ne s'arrêtent pas là : même conscient de la nécessité d'apporter des remèdes justes aux difficultés de l'élève, le maître se doit d'être "compris" et non seulement écouté. Si l'élève ne comprend pas la nature profonde de son problème et la pertinence de la démarche qui lui est proposée pour en venir à bout, la situation reste bloquée sans espoir de progrès. On oublie trop souvent qu'il n'y a information que là où le message est perçu comme tel. Le contenu d'une émission est annulé si l'émetteur et le récepteur ne sont pas accordés sur une même longueur d'onde.

C'est au maître de savoir adapter et formuler ses conseils en fonction de la déformation qu'il peut prévoir : il ne doit jamais perdre de vue qu'un mot n'a pas la même signification pour deux personnes séparées par le caractère personnel de leur histoire, de leur sensibilité ou de leur tempérament. Ainsi, l'indication vague « Tiens bien ton archet » se traduira chez l'élève lymphatique par un effleurement des doigts tandis que le nerveux risquera de le serrer jusqu'à la crispation. Il est donc absolument nécessaire pour le professeur de maîtriser parfaitement la formulation de sa pensée et de savoir où il va : les approximations floues, non contentes d'être sans effets, sont déformées à merci et soumises à toutes sortes d'interprétations fallacieuses. De plus, il n'est pas rare de voir l'élève s'attacher à l'expression littérale employée par le maître plus qu'à la signification véhiculée. Or, isolé et séparé de son contexte, le mot devient vérité partielle et tronquée, touchant parfois à l'absurde. Combien de « Mais vous m'aviez pourtant dit cela... » proviennent d'équivoques prévisibles! Ne disposant pas encore de la vue d'ensemble qui lui suggèrerait les correctifs nécessaires, l'élève tend à valoriser le détail, quand il ne le néglige pas. Les mots ont donc un pouvoir redoutable, surtout lorsqu'ils émanent d'une autorité reconnue, et le maître doit en tenir compte s'il ne veut pas rester seul avec son savoir.

Aussi l'utilisation de *l'image* est-elle souvent bien utile au professeur en butte à l'incompréhension. La représentation a l'avantage d'être moins contraignante, moins impersonnelle et de donner à l'élève la liberté dont il a besoin. Comparaisons, paraboles, analogies sont des modes d'approches immédiats qui font appel à l'intuition plus qu'au raisonnement et que chacun ressent différemment. On obtiendra à coup sûr un geste plus spontané et naturel en comparant telle tenue ou maniement d'archet au geste du joueur de pétanque lançant sa boule au loin, plutôt qu'en découpant théoriquement l'action et en insistant successivement sur l'ouverture des doigts, la fermeté de la paume et la direction du bras. C'est d'ailleurs parce qu'elle est plus individualisée et plus corporelle que l'image exige d'être adaptée à chaque élève : telle comparaison "prendra", telle autre n'aura aucun impact.

L'exemple musical est également un mode d'appréhension très riche. Enseigner le violon sans donner d'exemples reviendrait un peu à apprendre une langue étrangère au moyen des seules règles de syntaxe et de grammaire, sans cours de conversation. L'exemple permet souvent de percevoir de façon intuitive le "dedans" du geste, ce qu'il contient d'implicite et que l'analyse ne peut épuiser. L'explication par l'exemple instrumental rétablit alors de façon immédiate le contact et l'intérêt qu'un long monologue aurait rompu.

En jonglant ainsi avec les multiples moyens qui s'offrent à lui, le maître rendra possible une communication sans laquelle sa relation avec l'élève est vouée à l'échec.

Un véritable échange entre le maître et l'élève est l'une des choses les plus satisfaisantes qui soient. Quand elle se réalise, le choix du vecteur ne se pose plus. Peut-être la communication n'est-elle jamais aussi profonde que lorsqu'elle est immédiate et intangible, au-delà des moyens qui la véhiculent. Alors la pédagogie n'est pas l'habit extérieur qui recouvre la démarche intérieure, mais bien cette réalité d'un échange permettant à des artistes de se libérer, d'exprimer par leur instrument les émotions issues de leur propre fond et peut-être de devenir de véritables créateurs. Dans le travail confiant et libre où toutes barrières sont supprimées, il devient possible d'explorer jusqu'à l'extrême les possibilités de l'élève. La propre croissance du maître se retrouve dans l'élève et cette croissance commune devient révélation. Il ne s'agit plus de l'instruction d'un élève mais de la découverte d'une autre personne dans laquelle le phénomène d'une naissance nouvelle et partagée devient possible.

Cependant, il appartient au maître de ne jamais perdre de vue que l'élève doit tôt ou tard devenir *son propre maître*, qu'il doit pour cela *apprendre à travailler* seul afin de découvrir ses propres méthodes et affiner ses propres moyens d'expression. Le chemin vers cette autonomie est parfois très long. En effet, le travail de l'instrument est, hélas, souvent livré au hasard, à l'arbitraire ou aux habitudes masochistes, et il faut beaucoup de persévérance pour en effacer les traces. Savoir travailler est tout un art...

Qu'est-ce que travailler?

Le violon est habituellement perçu par les musiciens eux-mêmes comme un instrument particulièrement exigeant et difficile, requérant de celui qui veut acquérir une certaine "technique" un acharnement et une somme d'efforts, d'heures de travail démesurés. Cet instrument anti-naturel que serait le violon - « Ne me dites pas que c'est naturel » vous explique-t-on en mimant le violoniste contorsionné dont le coude gauche viendrait toucher le menton - cet instrument ne serait audible qu'au prix d'un apprentissage barbare qui donnerait à l'instrumentiste une seconde nature. Cette idée commune est peut-être plus lucide et proche de la réalité vécue qu'on ne le croit, et nombreux sont les violonistes à qui elle rappelle ces moments pénibles où la voix maternelle criait de la pièce voisine : « Va travailler ton violon ! » alors qu'ils se passionnaient pour tout autre chose.

Bien des instrumentistes vivent encore à l'âge adulte sous le régime de ce même "travailler son violon" qui fait d'eux des enfants attardés. Résigné, chacun s'habitue à ces coutumes qu'il tient désormais pour normales, voire fatales : fixer un contingent d'heures nécessaire chaque jour et rester l'œil rivé sur la pendule en attendant que s'achève cette Xième heure qui n'en finit pas ; partir en vacances accompagné de son instrument qu'on ne peut envisager de laisser, même quelques jours, sans se sentir grandement coupable (à croire que c'est lui qui vous tient !), répéter indéfiniment les mêmes traits irréductibles, jusqu'à ce que la partition soit "sue" et le "devoir accompli" ; travailler "par rythmes", c'est-à-dire en dénaturant momentanément la structure du texte aux fins très louables mais peu convaincantes de donner plus de liberté aux doigts ; travailler lentement, toujours plus lentement, avant de s'autoriser enfin à lâcher les rênes pour galoper (si toutefois l'ennui n'en a pas tué l'envie) ; persévérer dans une lutte inlassable *contre* le violon !

Quel que soit le mode de travail, l'état d'esprit reste le même, qui consiste à se reprendre sans cesse, à faire passer le musicien qui est en chacun de nous devant cette autre partie de nous-mêmes qu'est la volonté érigée en tribunal. Il ne s'agit bien sûr pas de prêcher pour une soi-disant liberté absolue qui conduirait à faire disparaître les contraintes et la discipline qui sont le tribut consenti à l'acquisition d'un certain degré de perfection, mais de remettre en cause la conception scolaire, stéréotypée et improductive du travail de l'instrument. Avant d'aller plus loin, il est parfois salutaire de clarifier le sens du mot et de revenir à sa définition première. Or, qu'est-ce que le "travail" sinon "l'activité de toute personne qui agit avec suite et coordination en vue de produire un résultat utile" ? Nous sommes loin du rabâchage aveugle qui a marqué tant de générations !

Les exigences de travail sont bien entendu particulières à chaque violoniste selon le niveau et le stade où il se trouve. Pour l'un, il s'agira de remettre en question les bases trop fragiles de son jeu tandis qu'un autre envisagera un problème particulier qu'il a toujours mal surmonté, ou se penchera sur la partition qu'il lui faudra jouer la saison suivante. Ces disparités rendent heureusement impossible toute solution se voulant globale, toute recette universelle ! Cependant, le rôle de la technique comme la nécessité d'un travail intelligent sont les mêmes pour tous, quels que soient le talent et la compétence de chacun. Nous naissons tous avec une capacité créatrice naturelle. La vraie technique, qui, si l'on se réfère au mot grec "technos", est elle-même un art, consiste à devenir nous-mêmes en tâchant de restaurer cette capacité naturelle corrompue par un bachotage prolongé. Combien de fois ai-je entendu de nouveaux élèves me dire : « Mais pourtant j'ai beaucoup travaillé ! », auxquels j'évitais de répondre : « Justement, il aurait mieux valu travailler moins plutôt que travailler si mal ».

De telles faillites seraient certainement évitées si une technique intelligible était proposée à l'élève dès qu'il s'avère capable d'un travail conscient.

La meilleure technique, adaptée à chacun, est celle qui développe les dispositions naturelles au lieu de les combattre (en toute bonne foi). Elle est la mise en œuvre de moyens physiques susceptibles *de donner forme* à des sentiments invisibles : par l'éducation de son corps en fonction des lois de la nature et de la physiologie d'une part, l'assimilation consciente des exigences propres au violon d'autre part, le violoniste peut acquérir ce que l'on appelle une "technique" au sens fort du mot. C'est dire que la technique n'est pas un mécanisme ou un automatisme maîtrisé au prix d'une contrainte majeure par laquelle il "faut bien passer", mais dont beaucoup aimeraient se dispenser si la compétence existait par la grâce du ciel ! Technique et interprétation sont indissociablement liées, tels le fond et la forme, et il est impossible de considérer l'œuvre en dehors du matériau qui la concrétise.

La musique est ce qui informe, c'est-à-dire ce qui donne forme à un pouvoir technique. Inversement, il n'est pas de technique sans idée musicale qui la sous-tende : nous verrons plus loin que l'approche du travail n'est pas différente de celle du jeu musical proprement dit. Ainsi, beaucoup de violonistes auraient une compréhension musicale et un style beaucoup plus convaincants si le matériau sonore qu'ils utilisaient était un meilleur véhicule de leurs intentions. Leur pensée elle-même est asphyxiée par un jeu où rivalisent frottements, bavures, parasites et interférences de toutes sortes... Dès que l'exécutant obtient une précision supérieure à celle qui était la sienne, son pouvoir créateur trouve un champ d'expression plus large. Sa liberté est fonction de ses pouvoirs, et c'est par la maîtrise de son jeu que l'interprète peut dévoiler sa spontanéité et sa richesse intérieure. Il est donc absurde de prétendre que la technique est anti-musicale : le propre de l'exécution parfaite est de supprimer toute dualité entre des moyens techniques et une finalité musicale. L'activité par laquelle nous "pensons" le son et la musique prend corps en l'activité qui les réalise : la valeur d'une conception s'éprouve dans les réalités de la technique, et une richesse intérieure qui ne prend pas forme finit par s'épuiser. Au contraire, une subtilité de pensée qui peut s'exprimer pleinement va s'approfondir sans cesse, créant à nouveau le besoin d'affiner ses moyens d'expression.

De plus, le violon, comme toute activité qui met le corps en jeu, requiert une dépense d'énergie sous une forme d'effort musculaire ou d'attention soutenue. Or, notre quantité d'énergie disponible étant limitée, nous devons en éviter le gaspillage : il est désespérant pour un violoniste d'avoir à se préoccuper sans repos de problèmes techniques, d'éprouver une inquiétude due à l'insécurité, au moment même où toute son énergie devrait être mobilisée au service de l'expression de la musique. Loin d'être une perte d'énergie eu égard au nombre d'heures qu'il faut lui consacrer, la technique est en fait le moyen de réaliser à plus ou moins long terme une économie de travail considérable.

Il est donc important d'orienter l'intérêt des élèves vers les subtilités de la technique, vers certaines performances instrumentales qui sont de grande valeur et de première nécessité dans l'art de la musique, en leur montrant bien que cette technique est déjà un art et un travail esthétique, et non pas un mécanisme. C'est dire que le travail lui-même, enraciné dans une "envie" de jouer, ne doit pas être la négation du plaisir : il est la phase d'enfantement préparée par l'inspiration première, qui culmine dans un sentiment de plénitude et de bonheur. Le plaisir est une attitude créatrice devant la vie, qui devrait être constamment présente au violoniste face à son travail : plaisir du mouvement ou de la réponse aisée du corps, plaisir du geste harmonieux, plaisir d'une justesse parfaitement expressive, plaisir de pouvoir enfin s'abandonner et laisser la musique prendre possession de notre être, toute volonté effacée. Sans plaisir, nous retournons à ce travail morne et terne qui déçoit parce qu'il ne crée rien, n'est fécondé par aucune joie et constitue même un obstacle à l'expression. Mais avec lui, nous sommes d'emblée dans l'attitude positive, lucide et créative qui caractérise le travail conscient.

Comme dans tous les autres domaines de l'activité humaine, le travail du violon se déroule en plusieurs phases. Sans m'attacher pour l'instant à la pratique du travail de l'instrument, à ses exigences et ses écueils, je voudrais dégager les différentes composantes qui sont celles de n'importe quel travail. Le fonctionnement du violoniste pourrait alors être comparé à une machine cybernétique, visant à obtenir en fonction de ses capacités propres le meilleur résultat possible. Car le travail, cette activité organisée en fonction d'un résultat, dont nous avons rappelé plus haut la définition, n'est rien s'il ne se révèle pas fécond. Aussi serait-il bon que tout violoniste ait constamment présents à l'esprit, lorsqu'il travaille, ces principes de bon sens sans lesquels le résultat risque fort d'être décevant.

La première des nécessités est d'estimer la situation, de pratiquer un inventaire de l'état présent. Faute d'informations cohérentes et suffisantes, un ordinateur ne peut pas donner de réponse : de même, s'il est aveugle face à son jeu, le violoniste ne peut envisager de progrès. Il doit prendre conscience du matériel avec lequel il va travailler, c'est-à-dire *de lui-même*. Il est absolument impossible de s'engager dans une nouvelle pratique instrumentale avec l'espoir d'y progresser sans se connaître exactement, sans voir clairement les compensations, les tensions et les signes de notre déséquilibre et de notre gêne. Ces difficultés sont bien souvent mal perçues ou même pas perçues du tout. En effet, leurs causes elles-mêmes restent obscures, et cette estimation de la situation n'est souvent qu'un sentiment diffus de malaise et d'insécurité, lié à la crainte de l'accident imprévisible dont le travail antérieur n'a pu venir à bout. Une aide extérieure est alors précieuse au violoniste désireux de percevoir clairement chaque problème en le distinguant de tous les autres : le diagnostic du professeur, plus affiné que le sentiment instinctif de l'élève, permet tout à la fois d'isoler ces écueils et de les relier au jeu du violon pris dans sa totalité.

Les difficultés ainsi cernées, il faut leur faire face en essayant de ne pas être saisi par l'angoisse due à une lucidité trop soudaine de sa propre réalité : il importe donc de faire ressortir les *éléments positifs* sur lesquels on peut s'appuyer. C'est à partir de ce tremplin que pourra être envisagée une nouvelle façon d'agir. Lorsque le violoniste a ainsi pris conscience de la situation, il peut quitter le présent immédiat et déployer son énergie en fonction du but visé : tout comme dans un ordinateur, les informations recueillies n'ont un sens que si elles sont orientées en vue d'un résultat précis. L'absence de projet, l'impuissance à poser un problème sont bien souvent la cause de l'angoisse et de l'énervement du musicien en face de son travail. Or, de même qu'on ne peut prendre contact avec ses sensations que dans le calme et la confiance, de même on ne peut mettre à jour le véritable sens du travail que dans la disponibilité et le silence intérieur. Ni l'agitation ni l'inquiétude ne permettent de préciser sainement le projet du travail. Quel est mon objectif? Qu'est-ce que je cherche? sont loin d'être des questions résolues par tant de violonistes aliénés par la routine et le "travail aux heures". *Le travail ne se justifie qu'en fonction d'un but précis.* Peut-on savoir ce que l'on trouve si on ne sait pas ce que l'on cherche? Il est impossible d'apprécier ses progrès à partir d'actions floues et molles. Aussi ne suffit-il pas de savoir ce que l'on veut travailler; encore faut-il décider exactement du résultat à obtenir, ce qui exige de prendre parti et de se fixer une hauteur de barre personnelle, d'envisager raisonnablement ce que l'on peut et veut atteindre. Avant de pouvoir se déterminer seul, c'est bien souvent au contact du professeur que l'élève, découvrant qu'il ne sait pas encore réellement ce qu'il veut, réussira à concevoir et formuler un projet précis. Il est évident que le violoniste dont le seul désir, à propos du "trait" qu'il travaille, est que "ça passe" ne pourra obtenir de résultats très subtils. S'il n'est pas tout entier tendu vers ce qu'il ressent, ou plus prosaïquement vers ce qu'il veut réellement obtenir dans tel exercice, s'il n'a pas décidé fermement d'un objectif, la comparaison entre le résultat obtenu et sa vague intention première ne sera pas féconde, l'écoute ne pourra exercer son rôle critique, c'est-à-dire comparer le résultat et le but recherché.

En effet, la phase suivante consiste à prendre conscience du décalage qui subsiste entre désir et réalité. L'adéquation parfaite du projet et de sa réalisation est en vérité chose impossible : elle signifierait que le violoniste a atteint un sommet qui épuise tout désir et bloque à nouveau la situation. C'est la découverte de cet écart qui est le *moteur du travail* et qui en fait un processus de perfectionnement par approximations successives. Cette rétroaction, pour employer un terme approprié aux objets cybernétiques, est rendue possible par l'écoute, qui est l'élément essentiel de cette prise de conscience, et qui peut le cas échéant être doublée par l'écoute du maître... Mais les informations sensorielles perçues par le système proprioceptif permettent également la comparaison : l'inadéquation d'une image mentale avec la sensation réellement perçue, la fatigue musculaire, signalent à coup sûr un tel écart.

C'est seulement alors que peut commencer la phase de programmation qui est la base du travail du violoniste. L'ordinateur dont on attend un résultat suit, pour ce faire, une démarche qui lui est imposée, dont les étapes sont clairement établies, *échelonnées dans le temps.* Une grande partie du chemin est déjà parcourue lorsque, lucide vis-à-vis de lui-même, le violoniste met en œuvre de façon méthodique les moyens adaptés au but qu'il poursuit.

Chaque violoniste a son rythme propre et sa façon à lui de prendre son travail. Il est seul à connaître la dynamique de ses perceptions et de son comportement réel. Mais, là encore, la sensibilité de chacun, sa liberté d'action n'est en rien contradictoire avec la logique du violon. Accorder son corps, comme je l'ai déjà dit, est le préablable nécessaire au violoniste, y compris et surtout dans le travail. La préparation physique au travail est donc fondamentale, et aucune prestation ne devrait s'accomplir "violon en main" sans avoir été précédée de décontraction et de mise en condition corporelle. Le violoniste devrait se concentrer, vérifier la liberté de sa respiration et recréer ses images mentales, s'assurant ainsi de son bon équilibre postural : axe vertical, fermeté des points d'appui, bras indépendants, épaules basses, bon contact avec l'instrument, oreille en éveil, mains souples, bien perçues comme l'aboutissement de la pensée et de l'énergie. Le sentiment d'inutilité et de perte de temps souvent associé à une telle vérification disparaîtra lorsque le violoniste aura pris conscience de sa nécessité et de son efficacité absolues. Une telle préparation peut prendre quelques secondes seulement comme elle peut demander plus longtemps, selon le degré d'intégration du travail. Mais, lorsqu'une telle mise en œuvre est réalisée, tout est à parier qu'il suffira d'un léger échauffement musculaire pour que les difficultés soient vaincues facilement avec le minimum de travail.

L'expérimentation, de très loin la phase la plus longue du travail, correspond à la "pratique de l'exercice" qui est essentiellement un moyen de rechercher la qualité et la justesse d'un fonctionnement. Il est préférable de travailler le réajustement des fonctionnements défectueux et d'opérer les corrections nécessaires dans les exercices, et non dans les œuvres. Un exercice bien choisi traite le problème en profondeur, "en soi" pourrait-on dire. Quand on cherche à le résoudre à propos de telle œuvre particulière, il est plus difficile de "généraliser" l'expérience, et il n'est pas rare à propos d'une autre œuvre de devoir recommencer la même démarche.

De plus, il est redoutable pour l'avenir de travailler avec acharnement sur l'œuvre elle-même et de la transformer en une succession d'exercices ; le risque est grand de "l'user", de la vider de son contenu musical et d'épuiser le plaisir...

Le travail des textes du répertoire suppose que les difficultés instrumentales qu'ils contiennent soient à peu près dominées par un travail préablable plus systématique. Les exercices peuvent être tirés de l'œuvre admirable de Sevcick, qui répond avec une intelligence et un discernement rares à tous les problèmes de la technique instrumentale de base, concernant aussi bien l'archet que la main gauche. Toutefois, le violoniste qui n'a pas une compréhension parfaite de leur construction et de leurs rapports logiques, et qui ne possède pas les clefs de la logique instrumentale, risque de tomber dans le piège d'un travail stéréotypé, lassant, et bien souvent inutile. Pour les courageux qui en comprennent l'esprit, la systématicité des opus de Sevcick, loin d'être une source d'ennui, est au contraire un moyen d'acquérir des structures infaillibles et une maîtrise qui demeureront bien au-delà du travail quotidien. Les études d'auteurs divers, qui existent à profusion, sont également très utiles quoique souvent moins spécifiquement tournées sur un unique problème. Elles permettent d'effectuer utilement des synthèses.

L'exercice peut également être inventé par le professeur en fonction de la nécessité présente, à condition d'être ordonné, précis dans sa forme, correspondant à un projet déterminé afin de permettre une juste appréciation du résultat. Si le conformisme de ses études passées ne pesait pas si lourd, l'idéal serait évidemment que l'élève invente lui-même ses propres exercices...

Quelles que soient les solutions choisies, l'exercice doit en tout cas être dirigé sur un seul problème, afin d'être réellement profitable - et l'on comprend ici la nécessité d'une estimation lucide, analysant séparément chacune des difficultés rencontrées par le violoniste. La première nécessité vis-à-vis d'une difficulté isolée, illustrée par un exercice, est de mettre en place le geste exact en tâchant de vivre la sensation qui lui est attachée. Il peut être utile de créer une nouvelle image mentale à laquelle le violoniste essaiera de faire correspondre ce qu'il ressent, mais il suffit parfois de recomposer plusieurs sensations déjà intégrées.

Dans tous les cas, le violoniste devrait comprendre que sa puissance de travail ne réside pas dans ses doigts : *les doigts sont l'expression de ce qui se décide ailleurs,* et la difficulté dans la mise en place d'un geste est due plus souvent à l'obscurité d'une image mentale qu'à une incapacité mécanique. Parvenir à surmonter son problème, c'est créer un schéma exact et clair correspondant à ces doubles cordes, ces arpèges, ces notes tenues ou ce staccato jugés problématiques. C'est alors, et alors seulement, que la répétition peut jouer le rôle qui est le sien : elle ne constitue plus l'essence même du travail, mais elle permet l'acquisition de sensations réflexes. Cependant, elle doit être *répétition consciente d'un fonctionnement juste* et parfaitement exécuté, et jamais recommencement aveugle et mécanique de gestes plus ou moins exacts. C'est elle qui, renforçant la suggestion, crée une nouvelle voie cérébrale.

Une action répétée se fixe dans la mémoire, devient plus rapide et facile, de moins en moins encombrante pour l'esprit. C'est ainsi que l'attention libérée peut se tourner vers les éléments primordiaux de l'exécution : style, pensée musicale, vécu émotionnel ou contact avec les partenaires. De plus, la répétition permet au violoniste d'acquérir une sûreté et une sécurité qui le rendent moins dépendant des aléas extérieurs. Elle correspond également à une forme de plaisir qui veut que l'on se réjouisse de ce que l'on reconnaît, que l'on ait de la joie à améliorer tel ou tel geste et à l'amener à un stade voisin de la perfection.

Le violoniste ne devrait jamais oublier dans son travail que l'exercice est essentiellement un moyen d'amélioration *qualitative* du jeu. Il faut donc toujours être tendu vers le son le plus parfait, le geste le plus adéquat, sans jamais "forcer", rester constamment à l'écoute afin de percevoir la moindre défaillance pouvant être corrigée. Si l'exercice est bien mené, le mouvement travaillé acquiert une évidence qui procure une indéniable satisfaction : la recherche tâtonnante se transforme alors en une certitude intérieure de la juste fonction retrouvée. L'important est de réaliser une expérience convaincante, plutôt que de travailler longtemps. C'est sur une expérience "sentie" que d'autres peuvent prendre racine, ouvrant la porte à des succès ultérieurs.

De même qu'une séance de travail ne peut débuter sans concentration, elle ne peut s'achever dans un état de fatigue : l'esprit doit être encore suffisamment lucide pour tirer la conclusion et l'enseignement du travail entrepris, spécialement si l'on a quelque motif de satisfaction. Cette mise au point sera bien souvent bénéfique aux séances suivantes : elles s'enchaîneront sur un optimisme justifié qui donnera confiance en la valeur du travail accompli. En aucun cas, la fatigue ne doit prendre le dessus et restituer au travail le caractère mécanique dont nous tâchons de nous défaire. La fatigue musculaire pousse l'organisme à faire travailler des muscles inadaptés au travail requis, ce qui se traduit inévitablement par une perte de qualité et par l'apparition de faux problèmes que l'on s'obstine inutilement à vouloir résoudre. Il est donc important d'assurer toujours une bonne canalisation de l'énergie, en particulier vers les mains. C'est cette économie de l'énergie, dont j'ai dit qu'elle était l'essentiel d'une technique efficace, qui permet au violoniste de se consacrer à l'expression musicale.

L'élève doit également se méfier de ne pas devenir victime d'une saturation sonore. Au-delà d'une certaine quantité de travail, l'excès de son "soûle" littéralement, fatigue l'attention et fait perdre tout point de référence. Il est alors excellent de couper le flux sonore et de travailler les mêmes gestes de façon muette. Cette forme d'ascèse permet au violoniste de rafraîchir sa conception et de reprendre calmement, dans leur nudité, certains schémas rythmiques et gestuels.

Paradoxalement, un travail conduit ainsi avec économie et dans la conscience de soi est source de calme et de repos. Il y a peu de moments dans la vie où l'on réunit tant de conditions favorables à la libre circulation de l'énergie et à l'élimination des tensions. La bonne organisation posturale de la tête et de la colonne vertébrale, la centration dans le Hara et la respiration profonde "défatiguent". La polarisation de l'attention dans une action instantanée, l'acceptation de cet "ici et maintenant" sont le meilleur moyen de couper l'interprète de ses préoccupations ou de ses inquiétudes. Il n'y a rien de tel pour se remettre d'aplomb que de travailler son instrument dans ces dispositions harmonieuses.

Non content de vivre une sécurité intérieure jusque là inconnue, le violoniste qui sait organiser son travail aura de grandes chances de progresser au-delà de tout espoir. Mais le progrès, motivation essentielle de ses efforts, n'est pas une rémunération systématique perçue après chaque séance de travail. Il demande un certain temps de maturation et se manifeste parfois quand on ne l'attend plus. L'absence apparente de progrès ne correspond pas à une stagnation définitive, et il faut accepter de passer sans découragement par des zones d'obscurité qui correspondent à une germination silencieuse. Il est donc important que le violoniste cesse de s'identifier aux résultats et observe face à lui-même une neutralité bienveillante qui considère avec calme ses limites momentanées, sans pour autant se déjuger.

L'idée même d'erreur prend dans un tel travail une

signification toute autre : elle n'est plus la marque d'une inaptitude ou d'une insuffisance coupable. Les violonistes, eux aussi, possèdent un "droit à l'erreur". Pourtant, nombre d'entre eux sont tellement identifiés à leur instrument qu'ils ressentent chaque erreur, chaque faux pas comme une mise en cause personnelle. Tant que l'erreur sera condamnée et son auteur blâmé, ce qui est encore le cas pour de jeunes violonistes victimes de méthodes autoritaires, un musicien adulte ne pourra "avouer" une erreur, à laquelle il associe plus ou moins consciemment une forme de répression ou de dévalorisation. Une répétition de quatuor, où personne ne veut accepter la responsabilité d'un décalage, illustre bien ce propos.

Loin de là, il faut utiliser l'erreur, l'exploiter en vue de sa suppression : l'expérience est un processus répétitif qui permet à l'instrumentiste d'adapter le résultat à son projet par approximations successives, telle la machine cybernétique dont la rétroaction, nous l'avons dit, permet la rectification des erreurs commises. L'erreur n'est donc pas un mal définitif, elle ouvre au contraire la voie au progrès. Mais il importe de ne pas s'arrêter en route et de savoir percevoir le meilleur derrière le moins bon, sans découragement.

A partir d'un certain niveau, l'exercice technique en tant que tel peut disparaître, puisque le seul fait de jouer recrée et réalimente l'intensité du vécu, tenant lieu de technique. Toutefois, il est essentiel au violoniste achevé de conserver un contact fréquent avec son instrument, afin de pouvoir, si besoin est, reprendre un exercice destiné à rafraîchir une sensation. En particulier, l'instrumentiste qui joue souvent en public doit revenir régulièrement aux racines de sa compétence afin d'éviter ce relâchement insensible qui gâche tant de qualités. Il est impensable de jamais supprimer le rôle de l'attention et des fonctions conscientes. Même en possession d'une grande vélocité, le violoniste ne peut se priver de surveillance, tout comme le mieux entraîné des orchestres ne peut se passer de chef. Tout en créant des automatismes, il faut se garder de couper les voies qui les relient au cerveau directeur. Une telle privation de sources nouvelles conduit à coup sûr à une dégénérescence de la qualité instrumentale.

N'oublions pas ce proverbe hindou : « que celui qui doit parcourir cent milles considère quatre-vingt-dix comme la moitié ». Plus un artiste a de talent, plus sa technique est possédée, maîtrisée, et plus il en prend soin en vue d'améliorer ses qualités intérieures. On considère souvent les débuts de l'enseignement comme les plus durs. En fait, ce sont bien "les dix derniers milles" qui sont les plus durs, et l'artiste doué d'un authentique talent créateur travaille sans relâche pour chercher l'ultime mode d'approche de la création.

Après avoir exploré, intégré tous les mécanismes, l'habileté technique relève alors d'un domaine qui n'est plus l'étude méthodique de l'instrument. Le travail du violoniste l'engage bien au-delà de la technique, vers *une réalisation de lui-même*. Le travail conduit et inlassablement perfectionné à travers l'expérience, confronté à tous les accidents de notre humeur, nous amène à une connaissance de nous-mêmes qui est le gage de la permanence et de la stabilité de nos acquisitions. Tout au long de l'expérience constructive qui fonde le travail, c'est la tension vers un but qui donne le maximum de joie, procurant parfois ce que les psychologues appellent "les expériences du sommet". Le violoniste devient alors "musique", annulant toute distance entre conception et réalisation. L'archet donne l'impression de travailler de lui-même, comme s'il se substituait à l'exécutant, utilisant les capacités et l'efficience que celui-ci a acquise par un patient effort. Lorsque l'oubli de soi est total, que le violoniste s'intègre à l'événement instantané tout en conservant une vigilance de l'esprit, alors la musique peut révéler toute sa dimension. Pour celui qui a vécu cette expérience, le travail cesse à tout jamais d'être une contrainte ; il est la voie royale qui conduit à la musique et qui permet de dépasser la technique. Y accède celui qui accepte de payer le prix de la liberté.

Et le trac...

Peut-être certains penseront-ils, à la lecture de ce livre, que je minimise la difficulté du violon, et que je suis bien éloignée du vécu quotidien des violonistes. « Et le trac ? » me dira-ton, « que reste-t-il de tout ce travail lorsque je me trouve face au public ? » Effectivement, le trac est une réalité qu'on ne peut éclipser, et rares sont les musiciens qui n'éprouvent aucune émotion au moment de jouer en public dans des conditions éloignées de leur vie habituelle. Que dire de ceux qui, littéralement paralysés, les mains, le pouls et la respiration affolés, préféreraient disparaître plutôt que de subir pareille épreuve ! Aussi me paraît-il important de préciser les implications que peut avoir sur le trac une nouvelle approche du violon. Je voudrais montrer comment le trac, qui est, lui aussi, considéré comme un "fait", n'est pas une fatalité à laquelle on ne peut rien changer, mais plutôt une réalité que nous devons apprivoiser.

Pour celui qui sort peu de sa chambre, le plus petit concert devant cinquante personnes, et même une simple exécution devant ses propres camarades sera une occasion de trac. A l'opposé, le concertiste, habitué à jouer dans toutes les conditons, ne ressentira peut-être le trac que confronté à un public très sélectionné, dans une salle où il ne "s'entend" pas bien ou dans des conditions matérielles inattendues. Le trac ne se manifeste donc évidemment pas sous la même forme selon les interprètes. Il dépend tout à la fois du caractère propre du musicien, de son habitude de la scène, de son niveau instrumental ou de conditions extérieures plus ou moins prévisibles. S'il *aime le public* et attend comme la récompense de son travail le moment de jouer pour lui, son trac a toutes les chances d'être réduit au minimum et de se transformer rapidement en une simple émotion avec laquelle il est facile de négocier.

Les formes les plus aiguës du trac sont bien souvent enracinées au plus profond de l'inconscient du violoniste : lorsque le trac devient un ennemi numéro un, cette angoisse envahissante dont on ne peut se défaire, cet hôte trop attendu qui réduit le travail à zéro et paralyse les intentions musicales les plus créatives, il est alors fort probable que le déséquilibre de la personnalité qui en est à l'origine se fait sentir également en dehors de l'épreuve du public. Un tel manque de confiance en soi non seulement interdit, en situation de jeu, le face à face avec autrui, donc tout contact avec un public quel qu'il soit, mais empêche certainement au cours du travail solitaire de se décontracter ou de respirer correctement. Beaucoup d'interprètes seraient prêts à payer n'importe quel prix pour voir un tel handicap disparaître. Mais lorsque le trac est intériorisé à ce point, le musicien risque fort de ne pouvoir résoudre son problème sans thérapie appropriée : son trac n'est dans ce cas que la manifestation très virulente d'un état permanent et profond. Il est trop tard pour intervenir ponctuellement lorque cet état de panique est installé. C'est non seulement l'approche du violon dans son ensemble qui est à reconsidérer, mais également toute une psychologie...

A l'opposé, certains violonistes ne ressentent jamais le trac, quelles que soient les circonstances. Si cet état peut paraître souhaitable à tous ceux qui connaissent trop bien les sinistres effets du trac, il n'est pas pour autant un signe absolument positif. Au contraire, il est plutôt comme la conséquence d'une non-émotivité fondamentale qui s'accommode mal d'une sensibilité artistique authentique ; sa forme s'apparente à une inexistence face au public. Ne pas avoir le trac peut témoigner d'un refus profond de rentrer en relation avec autrui, ce qui ne favorise guère la communication avec le public... Ceci explique pourquoi certains lauréats de concours internationaux, ne devant leur récompense qu'à la non-émotivité qui leur permit, le jour dit, de déployer sans faille leur vélocité habituelle, sont parfois éclipsés plus tard par des violonistes plus "artistes" qui n'ont pas eu le premier prix - victimes sur le moment de leur émotivité - mais qui font preuve par la suite d'un réel contact avec le public de leurs concerts. Contre cette absence de trac, qui, finalement, bloque également toute possibilité d'expression, il n'est, là non plus, aucun remède qui relève directement de notre ressort. Le problème dépasse la pédagogie du violon, et de la musique ; il est d'ordre relationnel.

Mais alors, direz-vous, si le trac n'est pas du ressort de la pédagogie instrumentale, comment y remédier ? Il ne s'agit là que de cas particuliers, et la majorité des tracs se rangent dans une autre catégorie, celle des tracs dont on peut justement changer les manifestations. Ce changement n'est pas une recette miracle qui éliminerait définitivement et totalement toute petite émotion : il est une transformation qui permet de réduire ces divers tracs à leur forme normale. Ce trac "normal" qui, non content d'être inévitable, est même souhaitable, est une réaction contrôlable que l'on a face au public. Il résulte d'un sens de la responsabilité au moment de l'entrée dans l'arène, et disparaît assez vite lorsque la "température de la salle" est prise, lorsque l'interprète s'est re-assuré face aux nouvelles conditions qu'il vit. Le trac cède alors le pas à un calme intérieur où la concentration et l'intériorisation de jeu, qui lui sont familières dans le travail, permettent de faire échec aux perturbations extérieures comme à l'émotion de surface. Toutes les formes de trac que nous allons maintenant évoquer, ces tracs motivés, et non "pathologiques", peuvent être ramenés à ce trac "normal" qui permet à l'interprète d'être sensible à la présence du public sans être pour autant perturbé au plus profond de lui-même.

C'est en transformant son approche du travail et de la musique, c'est-à-dire en se transformant lui-même, que l'interprète pourra réduire son trac à des dimensions raisonnables. Beaucoup de tracs, motivés par des causes effectives (et non affectives), peuvent disparaître lorsque celles-ci sont éliminées. Il est compréhensible qu'un manque de moyens techniques ou une absence de confiance réelle dans la valeur de son travail engendrent un malaise au moment de l'exécution. Lorsque les circuits sensitifs ne sont pas fiables, lorsque la respiration est mal placée, alors la moindre anicroche prend des proportions catastrophiques. Bien souvent, lorsqu'un violoniste traverse une période de prise de conscience, lorsqu'il reconsidère son attitude vis-à-vis du violon, le trac se manifeste avec plus d'acuité dans les concerts qu'il peut donner à ce moment. Mais au fur et à mesure que s'installe une nouvelle sécurité plus lucide et authentique, le trac disparaît définitivement, remplacé par une capacité permanente d'agir indépendamment de tous les aléas de la "forme".

Un travail conscient qui ne laisse rien dans l'ombre, qui nous établit dans un équilibre corporel et dans un état de décontraction permanente, confère une confiance et une connaissance de soi qui suffisent souvent à retirer l'excédent de trac pour n'en plus laisser que la petite émotion légitime.

La conscience de n'avoir pas assez travaillé pour assurer des réflexes infaillibles suffit à inquiéter... Le simple bon sens indique le remède. Le trac a moins de prise lorsque l'intégration de l'œuvre n'est pas récente. Une partition qui a été prise et reprise est plus profondément assimilée et plus rassurante que celle dont l'acquisition est de fraîche date. Il faut donc jouer des œuvres mûres qui reposent sur des couches de sédimentations successives. Le travail doit être poussé jusqu'à l'intégration parfaite de l'œuvre. Ce qui semble suffisant "chez soi" demande à être encore plus profondément travaillé et assimilé pour "tenir" lorsqu'interviennent des interférences dues à la présence du public.

La crainte de la panne de mémoire, du "trou" est également une source très fréquente de trac. Il est alors utile de cultiver et d'associer le maximum de "mémoires" possibles : la mémoire visuelle du texte, liée à sa mémoire auditive "affective" et à la mémoire très enracinée des gestes dans toutes leurs combinaisons. La panne redoutée résulte toujours d'une "absence" momentanée, d'un instant de désunion entre la conscience corporelle et la conduite musicale. Le remède consiste à obtenir à tout moment une coïncidence parfaite entre le geste et la pensée. On neutralise le trac à force de mettre la musique dans chacun de ses gestes. Quand le musicien "dit" chaque note physiquement et amoureusement au bout de ses dix doigts, dans un "ici et maintenant" sans faille et sans relâche, il n'y a pas de place pour le trac. Le "par cœur" ne l'inquiète plus puisqu'il joue réellement par le cœur, par l'amour de la musique, seconde après seconde.

Bien que n'accordant aucun crédit aux "trucs" extérieurs comme les tranquillisants et l'alcool, qui, à long terme ne viennent jamais à bout du trac mais détériorent progressivement l'état général, la sophrologie me paraît susceptible d'une certaine efficacité, mais uniquement chez les artistes dont le travail conscient a déjà établi une confiance en soi. En effet, cette pratique consiste à se suggestionner et à se représenter à l'avance - les quelques nuits qui précèdent le concert, par exemple - le déroulement exact du parcours musical tel que nous le sentons profondément jusqu'à ce qu'il nous apparaisse mentalement de façon assez claire pour influencer notre subconscient et le rendre maître de la situation le soir de l'exécution. Mais il s'agit là de maîtriser les émotions du concert et non pas d'assurer l'équilibre stable, et il est difficile de traiter l'un sans l'autre.

La stimulation manuelle de certains points d'acupuncture qui correspondent aux dérèglements nerveux occasionnés par le trac peut également être un adjuvant heureux si on conserve suffisamment de présence d'esprit pour y penser... De même, la pratique d'une certaine combativité requise par des sports de combat tels que les arts martiaux peut aider à réveiller l'agressivité nécessaire pour entrer en scène. Il faut à tout prix croire à l'importance de l'histoire que l'on va raconter au public et à la joie qu'il en retirera : Tout le message de l'artiste est ici en cause et aussi tout le but de son travail.

Le trac résulte toujours d'une lutte, il est une angoisse due à la distance qui sépare le désir de l'interprète de ses possibilités réelles. Vouloir faire toujours mieux, vouloir jouer de façon absolument parfaite revient à refuser cet instant présent, à se projeter ailleurs que dans ce qui est. Or, cette intransigeance conduit à supprimer sa présence dans l'instant, à perdre l'unité vers laquelle tendait tout le travail. On ne peut pas être réellement attentif à la musique, concentré en soi, si l'on garde présent à l'esprit l'idée d'un modèle idéal, d'un "sans faute" qui tient plus du parcours hippique que de l'interprétation artistique. De plus, s'attacher scrupuleusement à ne pas faire de fautes est sans doute le meilleur moyen d'augmenter les chances de trébucher sur la première difficulté venue. Celui qui n'est pas ancré en lui-même au moment de jouer devient la proie des influences extérieures, et prend vis-à-vis de lui-même une distance qui l'empêche de se laisser aller à l'expression de la musique. C'est en vivant la situation comme elle est, en étant préoccupé par le sentiment intérieur de l'œuvre que l'interprète peut exprimer ce qu'il ressent et ne pas être perturbé au plus profond de lui-même par toutes les émotions extérieures.

Alors, à condition d'accepter le *risque* de se tromper et de ne pas se réfugier dans l'idéal fallacieux d'une interprétation exempte de la moindre poussière, à condition également de savoir parer en souplesse aux évènements qui pourraient surgir - car on ne peut oublier les partenaires avec lesquels on joue - le calme intérieur de l'interprète se rendra maître du trac pour faire place à l'expression authentique de sa sensibilité.

Les enfants

J'ai tenté à travers ce livre de montrer tout à la fois la réalité du violon et l'approche qui peut en explorer la richesse. Mais, si la logique du violon s'impose à tous, la découverte que l'on peut en faire s'accommode de voies très variées. Aussi ne puis-je complètement passer sous silence l'enseignement du violon aux enfants : l'équilibre corporel et instrumental dont j'ai parlé s'adresse bien entendu à eux comme aux autres, mais l'approche par laquelle je propose de sensibiliser les violonistes adultes leur est en quelque sorte inadaptée. Je tenterai donc, même brièvement, de suggérer les moyens de transposer une conception équilibrée du violon et de son enseignement lorsque les élèves sont débutants : leur jeune âge, le fait de commencer à zéro l'apprentissage de l'instrument, appellent une réflexion particulière.

Là encore, une constatation s'impose, qu'on aimerait pouvoir oublier. Un très grand nombre de jeunes violonistes abandonnent rapidement leur instrument faute d'avoir jamais goûté réellement à la musique ou au violon. Quel violoniste n'a jamais entendu cet aveu dépité : « Ah ! vous jouez du violon ? Moi aussi j'en ai fait trois ans quand j'étais jeune, mais j'ai lâché... ! » Outre cette mauvaise "rentabilité" des efforts investis, sans doute plus irrémédiable au violon que dans les autres instruments puisqu'il ne donne même pas l'équivalent du plaisir de "pianoter", n'importe quel membre d'un jury de conservatoire est témoin, lors des concours de fin d'année, du gaspillage de jeunes talents : même parmi les élèves assez doués au départ, les jeunes violonistes font trop souvent des "progrès à l'envers", devenant de plus en plus tristes avec les années au lieu de s'épanouir dans leur jeu. En effet, si certaines méthodes d'enseignement font illusion au début des études, les problèmes rencontrés par ces jeunes restent souvent ignorés et éclatent au grand jour lorsque, avec l'âge, leurs blocages se révèlent. Loin de donner les "bons moyens" qui libèrent le jeu et d'enthousiasmer les jeunes enfants, ce qui serait un résultat majeur, certaines attitudes pédagogiques dégoûtent non seulement du violon, mais de la musique en général. Inutile de dire que l'argument trop souvent avancé qui prétend vouloir faire de ces enfants de simples amateurs ne justifie rien : il est impossible de faire aimer la musique dans de telles conditions, et les "amateurs" autant que les "futurs professionnels" - comment les reconnaître d'ailleurs à cet âge ? - ont droit à une vraie formation musicale. Il importe donc de proposer aux enfants un enseignement qui repose sur des données saines et définitives : ainsi les jeunes violonistes non seulement auront le désir de continuer à jouer, mais pourront le faire sans avoir à reconsidérer entièrement leur jeu lorsqu'ils l'aborderont avec un regard adulte.

Le premier élément à vérifier, avant même qu'un enfant commence le violon, est de connaître ses motivations et ses aptitudes. J'ai dit à propos des relations qui unissent le maître et l'élève que, sans désir profond, rien ne peut aboutir. Ce qui est vrai pour l'adulte l'est encore bien plus pour l'enfant. Il faudrait prêter beaucoup d'importance au bien-fondé des raisons qui président au choix de son instrument. Trop souvent un enfant se met au violon poussé par ses parents qui y voient la réalisation de leurs propres désirs refoulés, ou bien par réaction envers ces mêmes parents, sans qu'il soit pour autant profondément motivé, ou encore... parce que le violon du grand-père dort dans le grenier sans servir à personne. Tous ces malentendus et ces fausses motivations viennent nourrir la cohorte des échecs et des abandons inexpliqués. Ils sont à l'origine de ces situations bloquées dont on ne sait comment sortir, tant sont emmêlés désirs pervertis et rebellions inconscientes. Seule l'attirance de l'enfant ou la saine suggestion de parents, qui *ne s'impliquent pas personnellement* dans cette proposition, devrait entraîner le choix de tel ou tel instrument.

Le violon est un instrument précis et ponctuel dont l'étude ne peut être envisagée si l'enfant ne manifeste pas l'envie d'apprendre, l'ardeur et la curiositié nécessaires. Bien des faux départs, bien des échecs latents pourraient être évités si l'on décelait à temps une absence de goût réel pour le violon, quitte à orienter l'enfant vers un autre instrument.

On est également en droit d'attendre d'un candidat-violoniste un minimum d'aptitudes, faute desquelles il risque fort de lâcher rapidement prise. Il ne s'agit pas de faire du violon un instrument d'élite réservé aux enfants les plus doués, mais d'éviter de lui donner une vocation thérapeutique que, de toute évidence, il n'a pas. On est coupable de dire d'un enfant maladroit et mal dans sa peau : « Je vais le mettre au violon, ça lui fera du bien ». La vérité est que le violon risque fort d'accentuer ses blocages et de le perturber davantage.

Outre un petit minimum de stabilité, de détente, de tonus vital et d'habileté corporelle, il est indispensable que le futur violoniste ait au départ sinon une finesse auditive qui peut s'éduquer, du moins un véritable goût pour l'écoute, pour le "son", pour les multiples "paysagesauditifs" auxquels le musicien et le violoniste doivent être préparés. Beaucoup d'enfants mal à l'aise au violon le doivent autant à une inaptitude ou un manque de motivations fondamentales - ce qui va de pair - qu'à un professeur peu compétent ou à un manque de travail. La pédagogie des enfants exige donc ce préalable sélectif qui n'a plus de raison d'être dans l'enseignement des adultes, dont on peut espérer que la persévérance dans le travail découle de leur amour pour l'instrument... J'ose à peine insinuer que certains d'entre eux - même s'ils en avaient envie - ne peuvent plus abandonner le violon pour de multiples raisons dont la culpabilité n'est pas la moindre. Il faut donc, dès le départ, éviter que se développent des situations perverties que la meilleure "pédagogie adulte" du monde aura bien du mal à redresser.

Ce n'est donc qu'assuré de sa pleine participation, que l'on peut envisager d'approcher le violon avec l'enfant. Je dis bien "approcher", car le but de l'enseignement n'est pas de précipiter les débuts sur l'instrument et de faire jouer le plus rapidement possible quelque "ballade des trois ânes roses" !... Avant de parler de la moindre technique instrumentale, il est important de donner des couleurs attrayantes à l'initiation au violon et de *faire aimer la musique*. Un professeur heureux de jouer et d'écouter, satisfait de son rôle pédagogique, aimant lui-même vraiment la musique et sachant exprimer cet amour dans son jeu, entraînera presque à coup sûr l'élève dans son sillage, lui communiquant son ardeur. L'apprentissage du violon devrait donner à l'enfant l'impression de "faire de la musique" avant même de "faire du violon", ce qui faciliterait d'éventuels changements d'instruments. Si, face à l'adulte, le rôle du maître est essentiellement de créer un climat de confiance qui facilite ses progrès, avec l'enfant c'est surtout l'amour de la musique - dont le violon n'est qu'une des multiples formes - que le professeur doit lui communiquer. Développer son goût pour les sons, dont j'ai dit qu'il est absolument nécessaire à l'apprenti violoniste, lui faire reconnaître les bruits de la nature, les bruits concrets, les timbres de chaque instrument, tout ceci rentre dans un projet pédagogique à long terme, qui crée d'abord un climat chaleureux et musical (1). Le chant est également un moyen pour l'enfant de *s'engager* dans son approche musicale : sortir sa voix, la faire naître, l'affirmer, c'est déjà manifester la personnalité dont il aura besoin pour jouer du violon.

Par ailleurs, en apprenant à chanter - ce qui, nous l'avons vu, lui sera bien utile par la suite - à chanter toutes les musiques, depuis les chants de la Renaissance jusqu'à ses formes les plus actuelles, "pop" ou "disco", l'enfant pourra s'ouvrir sur un univers musical immense sans cloisonnements artificiels. Le chant, pris comme un plaisir, permet ultérieurement d'introduire rapidement et sans mal la notation musicale qui lui correspond, et dont la nécessité est absolue si l'on veut progresser par la suite au violon : pas plus que d'imposer un solfège rébarbatif et mal compris, il ne me semble honnête vis-à-vis d'un enfant de le priver, sous prétexte de liberté, des connaissances musicales de base qui garantissent son développement.

Plaisir et effort ne sont pas incompatibles, pas plus que ne le sont la créativité et le travail précis. Au contraire, plus on laisse une marge d'invention importante à l'enfant, plus on pourra être exigeant avec lui lorsqu'il s'agira de pratiques ponctuelles dont on lui fera comprendre la nécessité. Mais, ce qui importe avant tout, c'est de renforcer toujours les motivations du jeune violoniste, de ne jamais le laisser s'enfoncer dans une attitude passive.

---

1. Un grand effort est déjà entrepris en ce sens dans certains conservatoires-pilotes mais il mérite d'être étendu.

Il y aurait beaucoup à dire à propos de ce principe qui veut que l'étude de l'instrument soit tout entière tendue vers les concours qui ponctuent régulièrement les fins d'années scolaires... Le plaisir de jouer y disparaît pour laisser la place à l'anxiété, à une approche purement négative et anti-artistique qui consiste à ne pas faire de fautes, et à passer dans la classe supérieure où l'on décrochera quelque médaille. Il y a, me semble-t-il, d'autres moyens plus sympathiques et moins "scolaires" de tester les capacités d'un enfant que de le faire paraître devant un tribunal le dévisageant derrière une table. Participer à un concert-miniature ou à une séance de duos ou de musique de chambre adaptés à son âge peut le stimuler davantage. Quoi qu'il en soit, la seule richesse indéfectible que l'on puisse donner aux très jeunes élèves dès leurs premiers contacts avec le violon, avant même que les problèmes spécifiquement techniques soient abordés, c'est une passion musicale "dévorante", sur laquelle je n'insisterai jamais suffisamment.

Le changement le plus notable entre l'approche d'un adulte et celle d'un enfant tient au fait que celui-ci ne peut travailler sur lui-même de façon consciente. Le moteur de toutes les acquisitions d'un enfant est l'apprentissage mimétique, et le raisonnement est toujours contre-indiqué. Les foules de conseils et de propos divers dont on peut accabler un enfant ne font que soulager la bonne conscience du professeur ; ils ne facilitent en rien la compréhension de l'enfant. Celui-ci vit dans l'instant, il ne peut comme l'adulte saisir le fonctionnement général du jeu instrumental. Aussi faut-il lui faire prendre à son insu de bonnes habitudes. On a trop souvent coutume de considérer que n'importe quel pédagogue peut "faire l'affaire" pour commencer. Il me semble au contraire que l'on devrait attacher une importance particulière au choix d'un premier professeur, car c'est à lui qu'il incombera d'assurer les fondations de l'édifice. La première direction prise par l'élève le marquera d'autant plus qu'il n'a fait que suivre la voie qu'on lui montrait, confiant et candide.

Lorsqu'ils sont jeunes, car bien des influences extérieures viennent ensuite déformer ce goût naturel, les enfants aiment le travail bien fait, et supportent très bien une certaine exigence. Or, il n'est pas plus difficile de bien apprendre que de mal apprendre. Au contraire, il suffit de schémas clairs et simples dont on ne démord pas, de bons modèles visuels et sonores pour que l'enfant adopte sans problèmes les suggestions proposées, si du moins l'amour de la musique et l'envie d'imiter sont en lui toujours bien vivaces.

S'il ne peut comprendre des raisonnements trop abstraits, l'enfant n'en est pas moins éminemment logique, beaucoup plus que ne le croient les adultes. Il est prêt à admettre qu'il faut respecter des évidences : une voiture qui ne tient pas sur quatre roues n'est pas stable, et si elle n'a pas de volant elle ne pourra pas tourner... Aussi l'enfant sera-t-il parfaitement d'accord avec la recherche de son équilibre corporel, pourvu qu'elle lui soit proposée sous une forme attrayante. Donner aux enfants dès le départ le tonus physique dont j'ai longuement parlé pour les adultes, les stabiliser très tôt dans leur équilibre, évite d'avoir à corriger une tenue défectueuse des années plus tard, et permet de canaliser toute leur énergie vers la musique et l'acquisition d'une technique instrumentale efficace.

Cette préparation corporelle peut être rapide chez les enfants très éveillés et demander par contre un certain temps à ceux qui habitent moins bien leur corps. Mais, quelle que soit la difficulté qu'ils rencontrent, c'est faciliter tout leur apprentissage futur que de les aider à persévérer dans la recherche de leur équilibre, avant même d'envisager les questions instrumentales, comme s'ils devaient établir les premières postures de la danse.

Il n'y a pas de recettes infaillibles pour aborder la technique instrumentale proprement dite. Mais, si le petit violoniste transformé en "petit mime" est capable de réaliser sans instrument les gestes qui correspondent au placement exact du corps et aux mouvements requis, alors il n'aura aucun problème pour intégrer l'archet comme le violon, qu'il soit debout ou assis, qu'il marche ou qu'il danse.. Il n'y a d'ailleurs aucun inconvénient à ce qu'il travaille assis, plutôt que debout, se trémoussant d'une jambe sur l'autre pour faire partir les fourmis (ou l'ennui !) : une fois bien placé corporellement, il peut accomplir un véritable petit ballet, violon et archet en mains... C'est alors pour lui le moment d'apprendre les gestes principaux de la conduite de l'archet, sans jouer, mais en les dessinant éventuellement sur une planche figurant le lieu exact où s'accomplit l'action. Ce jeu amusant est d'une efficacité exceptionnelle et résout, en particulier, tous les problèmes de parallélisme de l'archet sur les cordes. En même temps, l'enfant peut travailler les principaux placements de la main gauche, en tenant le violon comme une mandoline et en vérifiant la justesse des notes à l'aide de pizz. Toutes ces opérations simples et fragmentées lui permettent de demeurer sensible à la symétrie de son corps et de construire, sans même y penser, son futur équilibre. Lorsque le son fait son apparition, l'enfant est alors suffisamment disponible pour écouter réellement ce qu'il produit et tâcher de suivre le modèle sonore proposé par son professeur. Le mécanisme d'acquisition est en place, tous les éléments sont prêts pour gravir les échelons de la difficulté violonistique.

Toutefois, le professeur ne doit pas oublier que "les exercices de structuration technique" et le travail des œuvres ne sont pas tout. L'enfant a besoin de développer librement sa créativité personnelle, et *l'improvisation* est pour cela la meilleure des ouvertures : elle prévient l'inhibition et donne à l'instrument un caractère naturel. Parvenu à un certain niveau, l'élève peut également confectionner de petites cadences, combiner sur son instrument des chansons connues qu'il aime bien, ou improviser, selon ses goûts et son caractère, danses, mélodies classiques, folk ou bruitages s'il le préfère.

Le choix des œuvres du répertoire n'est pas à négliger car elles contribuent à entretenir l'intérêt de l'enfant pour la musique. Il faudra veiller, me semble-t-il, à ce qu'elles ne soient jamais ennuyeuses, ce qui est souvent le cas de tant de morceaux vieillots, choisis pour les concours... On décourage les jeunes talents en leur donnant à travailler des partitions surannées, démodées, qui n'ont pas la moindre valeur musicale et qu'aucun adulte n'accepterait de jouer... encore moins pour s'amuser ! On est encore loin de respecter les enfants et de faire crédit à leur goût musical. Bien des compositeurs contemporains pourraient se pencher sur la question et écrire pour eux des pièces mieux adaptées à la sensibilité de notre époque.

L'idéal est de trouver une œuvre suffisamment simple pour que l'élève ne soit pas "débordé" et pour qu'il ait du plaisir à jouer (ce qui est une évidence pédagogique également pour les plus âgés...), mais comportant néanmoins de nouvelles difficultés qui le stimulent et le maintiennent en éveil. Beaucoup de violonistes, ayant eu des blocages instrumentaux sérieux, avouent eux-mêmes que leurs problèmes datent de l'époque où ils se sont sentis dépassés par des œuvres trop difficiles montées trop rapidement, et que leur manque de confiance est né à ce moment-là. Cet élément, rarement pris en considération, car la "difficulté de l'œuvre" flatte le professeur, l'enfant et sa famille, fait de grands ravages et mérite réflexion.

Fermons cette parenthèse et revenons à l'enfant heureux de jouer et de "découvrir". On peut alors affirmer que s'il est en possession d'un bon tonus corporel et si ses progrès sont ainsi bien rythmés, prenant place dans un climat d'amour de la musique, toutes les chances sont avec lui pour qu'il devienne un bon musicien et un bon violoniste.

Mais il est certains enfants dont on peut penser qu'ils deviendront plus que de bons musiciens ou de bons violonistes : l'enfant exceptionnellement doué, s'il ne peut en rien être traité comme un adulte, demande cependant plus d'attention que les autres. Le professeur qui en a la responsabilité doit tâcher d'éviter deux écueils assez courants qui le guettent personnellement. Il arrive qu'ayant beaucoup peiné lui-même pour réussir son métier de musicien, il refuse inconsciemment qu'un enfant obtienne immédiatement, sans efforts, de meilleurs résultats que lui. Ne voulant pas reconnaître le "surdoué" comme tel, il devient alors injuste et pointilleux, reprenant inutilement l'enfant pour des vétilles. L'autre écueil à éviter consiste au contraire à s'approprier l'enfant, à en faire l'instrument de sa propre gloire. Le professeur, fier de lui-même et de son élève, hâte alors prématurément le développement de celui-ci. Souvent, ne pensant qu'à sa chapelle, il ne tient pas compte des autres dons qui cohabitent chez le même enfant. Le grand talent va rarement seul. Peut-être plus que pour les autres enfants, il faut être, vis-à-vis de ces jeunes violonistes particulièrement doués, d'une honnêteté et d'une équité extrêmes. En effet, ces enfants sont dotés de capacités trop précoces pour qu'ils puissent se déterminer eux-mêmes et faire des choix. Ils sont donc désarmés et livrés à l'influence de leurs professeurs. Je connais bien des musiciens qui, ayant été "poussés" sans le vouloir vraiment eux-mêmes, ont traîné une insatisfaction déprimante toute leur vie. Car on ne "revient pas" facilement du violon quand il vous tient en esclavage...

Un enfant dans lequel on place des espoirs le sait, il comprend d'une certaine façon sa situation privilégiée. Aussi convient-il évidemment de le promouvoir pour qu'il épanouisse son talent et prenne ainsi confiance en lui. Mais l'essentiel est de lui donner des bases solides, dont l'absence est trop souvent cachée par le déploiement de son habileté. Or, ces fondements du violon lui seront encore bien plus utiles qu'à d'autres et, le cas échéant, leur absence sera cruellement ressentie. Bien entendu, il est important de "faire jouer" celui dont les concerts deviendront peut-être un jour le métier, mais il ne faut jamais négliger l'apprentissage et le perfectionnement incessant de ses moyens, qui ne s'achèvent pas avec le premier récital public. Un enfant porté trop tôt par le succès et la renommée - si locale soit-elle - risque de rester confiné aux limites de son niveau actuel, et de s'exhiber sans avoir l'idée de poursuivre son développement et de progresser toujours. Il est trop tard lorsque le violoniste, devenu adulte, prend conscience de sa situation bloquée. Il ne faut pas oublier que l'on ne demande pas la même chose à un enfant prodige et à un interprète adulte : des imperfections et des insuffisances qui passent inaperçues chez un enfant ne sont plus acceptées par la suite. Lorsque ces failles n'ont pas été signalées à temps, sinon corrigées, celui qui était un enfant invulnérable ressent comme une profonde injustice le fait d'être devenu un musicien critiqué. Ainsi, un manque de "son" peut être considéré comme la conséquence de son jeune âge, d'un manque de poids ou même d'un mauvais instrument ; mais il peut aussi avoir d'autres causes qui, faute d'avoir été décelées, demeurent à l'âge adulte et rendent désormais la sonorité inaudible. Bien souvent, l'ex-enfant prodige n'accepte pas, ou très mal, de reconquérir par un apprentissage long et difficile ce qui lui était comme dû par la facilité. Il devient alors inadapté et aigri de n'être plus ce qu'il était... Aussi un professeur dont le conseil est sollicité par des parents devrait-il être très prudent au sujet de la réponse qu'il apportera du haut de son autorité. Affirmer « Il faut le présenter au Conservatoire » ou « Oui, il peut donner un concert » peut être lourd de conséquences.

En misant son avenir sur la musique et non sur la carrière, le jeune violoniste risque d'être moins désabusé par la suite... Quoi qu'il en soit, si l'on prend une décision avant que l'enfant puisse y participer réellement, il ne faut jamais perdre de vue que rien n'est définitivement acquis avant l'adolescence. Au moment où l'enfant commence à prendre conscience de ce qu'il veut, le talent se fortifie et s'épanouit, mais il peut également se dégrader au point de disparaître. Un enfant qui a été poussé à l'extrême, stimulé en permanence, devient ce que l'on veut qu'il soit. Rien ne dit qu'il avait en lui des capacités, des aspirations suffisantes pour soutenir par lui-même une telle croissance. Dans ce cas, il n'est pas étonnant que de gros problèmes surgissent et qu'en grandissant, l'enfant, trop longemps opprimé par le modèle qu'on lui proposait, le rejette et cherche enfin à se trouver lui-même.

Mais toutes les difficultés rencontrées au cours de la formation de ces enfants exceptionnels ne doivent pas faire oublier le bonheur que suscite le musicien hors du commun qui a réalisé le potentiel artistique qu'il portait en lui. Toutefois, les enfants surdoués ne peuvent jamais constituer le centre d'une pédagogie. Le rôle du professeur n'est pas seulement de fabriquer des concertistes, mais également de permettre à tous les musiciens, jeunes et moins jeunes, qu'il a charge de guider, de s'épanouir et de trouver dans le violon leur moyen d'expression et une joie de vivre.

En guise d'épilogue

En sortant de là, Bouscarle dit :

— « Viens, je vais t'apprendre à jouer du fifre. »

Il fallut s'en aller jusqu'au gros gerbier du large des terres et là, solitaires tous les deux on fit le jeu jusqu'au plus profond de la nuit. Il me montra comment placer les doigts sur les trous et moi je voulais de toute ma tête. Mais la jointure de mes doigts manquait d'huile et tantôt je levais trop tôt, tantôt je levais trop tard. Puis il me fit connaître la science du souffler - et d'abord il soufflait puis il me passait la flûte toute chaude et je léchais sur l'anche d'osier le goût d'ail et de vin qui était l'haleine de Bouscarle...

Les premières notes allaient bien parce que le souffle du berger était encore dans la flûte, puis j'étais abandonné à moi-même, seul dans un vide, plus vide que le grand vide de la mer et c'était dur à soulever le poids de la musique avec ce petit roseau creux.

— « Tu résistes, garçon, disait Bouscarle, tu résistes, tu vas au fond ; laisse-toi porter, fais-toi

mou, laisse-toi vivre de la vie sans penser que tu joues de la flûte et alors tu joueras ».

Il disait le vrai. Alassé de bataille, dans le moment où toutes les étoiles couraient dans le ciel comme des graines au vent, je jouais. Cela venait du cœur comme un débond soudain et ça m'allégeait à mesure, et par le canon de ma flûte, je me vidais comme une bonne fontaine se purge de son eau noire...

Jean Giono - le Serpent d'étoiles

Table des matières

Imprimé en France - Imprimerie Landais - Noisy le Grand
N° 26701 - Dépôt légal : juin 2004